MÉMOIRE

POUR

M. CHASSIN,

INTIMÉ,

CONTRE

M. LE PROCUREUR IMPÉRIAL DE MULHOUSE,

APPELANT

D'UN JUGEMENT DU TRIBUNAL DE POLICE CORRECTIONNELLE DE MULHOUSE,

DU 3 AOUT 1861.

***

PARIS

IMPRIMERIE DE L. MARTINET,

RUE MIGNON, 2.

1861

MÉMOIRE

POUR

M. CHASSIN,

INTIMÉ,

CONTRE

M. LE PROCUREUR IMPÉRIAL DE MULHOUSE,

APPELANT

D'UN JUGEMENT DU TRIBUNAL DE POLICE CORRECTIONNELLE DE MULHOUSE,

DU 3 AOUT 1861.

PARIS

IMPRIMERIE DE L. MARTINET,

RUE MIGNON, 2.

1861

MÉMOIRE

POUR

M. CHASSIN,

INTIMÉ,

CONTRE

M. LE PROCUREUR IMPÉRIAL DE MULHOUSE,

APPELANT

D'UN JUGEMENT DU TRIBUNAL DE POLICE CORRECTIONNELLE DE MULHOUSE,

DU 3 AOUT 1861.

NOTE A CONSULTER.

Le 18 juin, M. Chassin, revenant de Suisse, passait la frontière à Saint-Louis. La douane saisit dans ses bagages un paquet contenant : 1° six exemplaires d'une brochure anonyme, imprimée en Suisse, intitulée *M. Napoléon (Jérôme)* ; 2° un exemplaire d'une brochure sur l'affaire Mirès. — M. Chassin déclara qu'il avait reçu d'un ami ce paquet fermé, à destination d'un tiers, sans en connaître le contenu. — Poursuivi pour infraction à l'article 6 de la

loi du 27 juillet 1849, il fut acquitté sur l'éloquente plaidoirie de
M⁰ Louis Chauffour, par un jugement du Tribunal correctionnel
de Mulhouse, du 3 août, ainsi conçu :

« Attendu que le délit prévu par l'article 6 de la loi des 27-
29 juillet 1849, ne consiste pas dans la simple possession, ou
dans le transport d'un lieu dans un autre lieu, des objets dont le
colportage ou la distribution ne peut se faire que moyennant autorisation ;

» Attendu que, dût-on même admettre que la détention de plusieurs exemplaires d'un écrit implique naturellement l'intention
de les colporter ou distribuer, encore serait-il vrai de dire que
l'intention de commettre un délit n'équivaut pas au délit, et qu'il
n'y a délit ou tentative de délit, quand celle-ci est admise par la
loi, que lorsque l'intention délictueuse s'est manifestée par des
actes matériels, entre lesquels il faut encore distinguer les actes
d'exécution des actes simplement préparatoires ;

« Attendu que ces principes sont d'autant plus applicables à
l'espèce, que le fait prévu par l'article 6 de la loi des 27-29 juillet
1849 est du nombre de ceux qui sont considérés comme délictueux indépendamment de toute intention ;

» Attendu que si, dans le fait de Chassin d'avoir été trouvé porteur des brochures saisies lors de la visite de la douane de Saint-
Louis, il fallait voir le délit de colportage, il faudrait en venir à
incriminer à ce même titre tout individu qui, dans quelque cir-
constance que ce fût, serait trouvé nanti de brochures, bien qu'il
ne les eût exhibées ni communiquées à personne ;

» Attendu que le fait de Chassin n'est prévu par aucun texte de
loi ; qu'il en serait autrement s'il s'agissait d'écrits périodiques
imprimés à l'étranger, dont l'introduction en France, sans autorisation, est réprimée par l'article 2 du décret du 17 février 1852 ;

» Attendu que l'existence même de cette disposition spéciale aux écrits périodiques est la meilleure preuve de la juridicité de la distinction qui vient d'être établie, puisque le fait de Chassin tomberait sous le coup de ce texte, si, au lieu de brochures ou écrits non périodiques, il s'était agi d'écrits périodiques ;

» Par ces motifs,

» LE TRIBUNAL

» Renvoie le prévenu des fins de la plainte, sans peine, amende, ni dépens. »

A l'audience, le ministère public avait soutenu que le fait reproché à M. Chassin constituait, non pas un délit, comme le portait par erreur l'assignation, mais une simple contravention. Pour obtenir une condamnation, il s'était appuyé sur *l'intention* évidente qu'avait le prévenu de distribuer les écrits dont il était porteur ; intention qu'établissaient les opinions bien connues de M. Chassin, à qui le ministre avait dû refuser l'autorisation de fonder un journal. M. le substitut du procureur impérial avait notamment invoqué le grave débat qui s'était élevé au sujet des antécédents politiques de M. Chassin, au Corps législatif et dans la presse.

M. le procureur impérial a interjeté appel du jugement du 3 août.

M. Chassin demande à Mᵉˢ Jules Favre et Paul Andral s'ils estiment que ce jugement a été bien rendu.

CONSULTATION.

L'avocat soussigné,

Vu la note à consulter, qui précède ;

Vu notamment le jugement du Tribunal de Mulhouse du 3 août 1861,

Adopte les solutions suivantes :

I.

L'article 6 de la loi du 27 juillet 1849 ne s'applique qu'à ceux qui font. soit habituellement, soit accidentellement, LE MÉTIER de colporteur ou de distributeur.

Cette proposition est contredite par de nombreux arrêts ; elle heurte la jurisprudence de la Cour de cassation ; nous croyons cependant devoir la maintenir. Le principe est pour nous si certain, il ressort si évidemment de l'examen des précédents législatifs et des travaux préparatoires de la loi du 27 juillet 1849, il intéresse à un si haut point la liberté individuelle, que nous ne pouvons le déserter. La jurisprudence, qui parfois a varié, reviendra, nous en avons la conviction, à une plus saine interprétation de la loi.

7

Sous l'ancienne législation, les colporteurs formaient une corporation dont le nombre était limité; ils étaient astreints à des conditions d'autorisation et de surveillance qu'énumère le règlement du 28 février 1723. « Les distributeurs non colporteurs » n'étaient soumis à aucune mesure préventive, mais seulement » aux règlements de police locale, quant au *métier;* et, pour la ré- » pression, aux lois punissant comme complices les distributeurs et » semeurs de libelles diffamatoires et autres écrits délictueux. » (Muyart de Vouglans, *Instit. au dr. crim.*, p. 654 et 686. — Jousse, *Just. crim.*, t. III, p. 652 et sq. — Morin, v° *Afficheur, crieur, distributeur,* n°ˢ 18 et sq.).

La loi des 2-17 mars 1791, qui institue la liberté de l'industrie, abolit pour les *colporteurs* la nécessité de l'autorisation préalable, et leur impose seulement quelques obligations qui doivent permettre de les surveiller (art. 16).

La loi des 29-31 mars 1793 punit de mort les auteurs de tout écrit demandant la dissolution de la Convention ou le rétablissement de la royauté; l'article 2 punit de la prison ou des fers « les vendeurs, distributeurs et colporteurs de ces écrits. »

La loi du 28 germinal an IV punit « les distributeurs, vendeurs, colporteurs et afficheurs » d'écrits imprimés en contravention aux lois, ainsi que « toutes personnes qui imprimeraient, distribueraient, vendraient, colporteraient, afficheraient des écrits contenant des provocations criminelles. »

Les mesures préventives établies par la loi de 1791 sont implicitement abolies par la loi du 6 fructidor an IV, dont l'article 14 institue la liberté absolue du colportage.

L'article 290 du Code pénal, promulgué le 25 février 1810, atteint tout individu qui, sans y avoir été autorisé par la police, « fera le *métier de crieur ou d'afficheur* d'écrits imprimés, etc., etc. » — Les articles 283 et suivants sévissent contre les colporteurs et distributeurs *d'écrits coupables.* — De 1810 à 1830, on s'est demandé si, par analogie, les prescriptions de l'article 290 ne devaient pas être appliquées aux colporteurs; l'affirmative a été soutenue, mais à tort, selon nous, le texte d'une loi pénale ne pouvant être étendu par analogie. Au reste, en 1829, l'exposé des motifs du projet de loi sur la librairie reconnaît formellement que les colporteurs ne sont astreints à aucune garantie, et propose d'appliquer l'article 290 « aux colporteurs qui distribuent partout des livres impies ou obscènes, réduits par une criminelle spéculation aux plus bas prix, se répandent par la campagne et y propagent la corruption. » (*Moniteur* du 9 juin 1829.) On lit encore dans une circulaire du 17 juin 1830 : « Les colporteurs ne sont pas des libraires »; en attendant une loi nouvelle, « on ne peut que les surveiller et vérifier s'ils ont des passeports. »

La loi du 10 décembre 1830 abroge l'article 290 du Code pénal, et dispense les afficheurs et crieurs de l'autorisation préalable, pour les soumettre à une simple déclaration, mais elle étend cette obligation aux vendeurs et distributeurs. En effet, l'article 2 est ainsi conçu :

« Quiconque voudra exercer, même temporairement, la *profession* d'afficheur ou crieur, de vendeur ou distributeur, *sur. la voie publique*, d'écrits imprimés, lithographiés, gravés ou à la main, sera tenu d'en faire préalablement la déclaration... » — Lors de la discussion, un député ayant manifesté des inquiétudes sur la portée du mot *temporairement*, le rapporteur, M. Barthe, répondit :

« Quant aux particuliers qui, *sans faire la profession d'afficheurs*, pourraient cependant apposer des affiches pour la vente d'un bois, etc., la pensée de la commission n'est pas de les assujettir aux conditions déterminées pour les afficheurs. »

Après avoir rapporté ces paroles, M. Duvergier ajoute :

« Il me semble que, soit qu'on consulte le texte, soit qu'on recherche l'esprit, on ne peut appliquer les dispositions de l'article à celui qui appose une affiche pour la vente de son bois, alors même qu'il ferait plusieurs appositions de ce genre. Certainement on ne pourrait dire que c'est là exercer temporairement la profession d'afficheur. »

Bientôt la loi du 10 décembre ne sembla pas donner des garanties suffisantes; et la loi du 16 février 1834 exigea une autorisation au lieu d'une simple déclaration. Ni dans l'exposé des motifs, ni dans la discussion, ni dans le texte, rien n'indique que les auteurs de la loi, en substituant une garantie à une autre, aient entendu étendre la catégorie de citoyens auxquels cette garantie serait demandée. Voici le texte :

« Nul ne pourra exercer, même temporairement, la *profession* de crieur, de vendeur ou de distributeur sur la voie publique, d'écrits, etc., sans une autorisation préalable de l'autorité municipale. »

Le sens de cette loi est bien clair : pour tomber sous son application, il faudra, au moins accidentellement, exercer la *profession*, c'est-à-dire faire un jour ce que font tous les jours les colporteurs proprement dits : donner, vendre, distribuer, offrir à tous venants. — Nous ne croyons pas qu'on puisse citer un seul arrêt qui interprète autrement les lois de 1830 et de 1834.

Ainsi, jusqu'en 1830, sous l'ancien régime comme sous la Convention et sous l'Empire, d'après le règlement de 1723 comme d'après les lois de 1791 et 1793, la *profession* de colporteur est seule soumise soit à la déclaration, soit à l'autorisation ; le simple distributeur ne tombe sous l'application de la loi que s'il distribue des écrits délictueux. — Le législateur de 1830 et de 1834 assimile le distributeur au colporteur, mais c'est la *profession* de distributeur, exercée, soit habituellement, soit temporairement, que seule il entend régenter.

Demandons au texte et à la discussion de la loi du 27 juillet 1849, si cette loi a eu pour objet d'innover sous ce rapport, ou si, au contraire, elle ne s'applique, comme les lois précédentes, qu'aux colporteurs et distributeurs de *métier*.

L'article 6 est ainsi conçu :

« Tous distributeurs ou colporteurs de livres, écrits, brochures, gravures et lithographies, devront être pourvus d'une autorisation qui leur sera délivrée, etc., etc. »

Si la loi avait le sens que lui prête la jurisprudence, elle dirait suivant la formule de tant d'autres articles de nos codes : *Quiconque* distribue ou colporte; *toute personne* qui distribue ou colporte. — En rédigeant l'article 6, tel qu'il a été voté, le législateur s'est évidemment inspiré des lois antérieures qui ne s'appliquaient qu'à la profession : Un distributeur, c'est celui qui fait métier de distribuer.

Veut-on admettre que tout individu qui distribue même accidentellement est un distributeur? Nous demanderons ce que c'est que distribuer. Distribuer, c'est répandre, c'est répartir entre un certain nombre, ce n'est pas remettre à une ou deux personnes. — On dira bien : « J'ai distribué mon ouvrage à mes amis. » On ne dira pas : « J'ai distribué à Pierre mon ouvrage; » on ne dira même pas : « J'ai distribué à Pierre et à Paul un exemplaire de mon ouvrage. »

Ainsi, à s'en tenir au texte de la loi de 1849, il faut reconnaître que cette loi s'applique au distributeur de profession, ou que tout au moins, pour tomber sous son empire, il faut *distribuer*, c'est-à-dire répandre, répartir entre un certain nombre de personnes. Celui qui remet une chose à un petit nombre d'amis, n'est pas plus un *distributeur* que n'est un afficheur, suivant M. Duvergier, celui qui affiche son bois à vendre. — *Distribuer* n'a jamais voulu dire remettre une chose à une ou deux personnes, et ce n'est pas dans l'interprétation des lois pénales qu'il faut forcer le sens des mots.

Si des doutes pouvaient exister en face du texte, ces doutes seraient bien vite dissipés par l'étude des travaux préparatoires.

Le projet de loi proposait d'assimiler les colporteurs et distributeurs aux libraires, et de les astreindre au brevet prescrit par l'article 11 de la loi du 21 octobre 1814. — La commission de l'Assemblée législative repoussa cette proposition par le double

motif que le brevet donnerait dans les campagnes trop de crédit
aux colporteurs, et que les conditions mises par la loi au retrait du
brevet entraveraient l'administration. — Si la loi avait eu pour objet
d'atteindre toute personne qui, accidentellement, remettrait à quelques amis quelques exemplaires d'un écrit quelconque, cet écrit
fût-il son œuvre, aurait-on songé à astreindre cette personne à l'obligation de prendre un brevet? La commission qui repoussait cette
disposition du projet n'en aurait-elle pas fait ressortir, à ce point
de vue, la fantastique extravagance?

Quel était le mal auquel on voulait remédier? Le rapporteur,
M. Combarel de Leyval, le dit expressément; c'était le *colportage*,
dont il signalait « les effroyables abus », et qu'il dénonçait comme
« un danger général... » — « Qui de vous, s'écriait-il, n'a été témoin
du *ravage* fait dans les campagnes par la *diffusion* de ces petits
écrits, etc., etc. »

M. Odilon Barrot, président du conseil, caractérise le colportage qu'il s'agit d'atteindre : « un *commerce* plus dangereux que la
presse périodique, parce qu'il s'adresse à des classes qu'il est plus
difficile de préserver... »

» C'est ce *commerce*, dit-il, que nous avons voulu placer sous la
surveillance directe de l'autorité...

» On *inonde* les campagnes, etc, etc. » (*Moniteur* du 28 juillet.)

M. Pascal Duprat propose d'amender la loi; il demande que les
distributeurs et colporteurs soient simplement obligés de se munir
d'un *catalogue* visé par le parquet, ce qui indique bien que dans
la pensée de tous il s'agissait des colporteurs de profession.

Voici en quels termes significatifs, au nom de la commission,
M. Dariste combat l'amendement :

« Le *colportage*, dans ses conditions actuelles, est un des plus
grands dangers qui menacent la société, un danger depuis longtemps signalé par ceux qui ont vécu au milieu des populations
rurales, danger trop longtemps méconnu par les hommes politiques, et dont l'imminence et l'étendue ne se sont que trop révé-

lées dans les derniers temps qui se sont écoulés. Il faut bien reconnaître enfin que c'était avec un effroi légitime qu'on voyait les *colporteurs* spéculer sur les plus bas instincts de l'homme, inonder nos campagnes des écrits les plus grossiers, les plus infâmes.... Il est nécessaire, il est indispensable que le *colportage soit réglementé :* il serait étrange qu'il y eût pour le *colportage un privilége,* quand toutes les *professions* qui intéressent l'ordre, la sécurité, la santé, la salubrité publique, sont soumises à de certaines conditions... Le *métier* de colporteur ne consiste pas uniquement à *vendre des livres ; il est pourvu de marchandises de toutes sortes ; il se présente comme pour pourvoir aux besoins généraux de la vie ; puis, quand l'œil vigilant du père de famille s'est détourné de lui, alors il ouvre fortuitement un coin secret de sa malle pour étaler aux yeux des enfants et des domestiques ses écrits dangereux.* (C'est cela ! très bien !) »

M. Dariste reproche ensuite aux colporteurs de répandre les éditions contrefaites, et il combat la proposition de M. Pascal Duprat, non parce qu'elle serait inapplicable, mais parce qu'elle serait inefficace. Enfin, il résume ainsi les motifs qui justifient l'art. 6 (*Moniteur* du 27 juillet) :

« Je ne parlerai même pas de ces autorisations que la loi exige pour beaucoup *d'autres professions* et qui ne portent aucune atteinte sérieuse à *la liberté de l'industrie ;* je me renfermerai dans *l'industrie de la vente des livres.*

» Il y a dans la législation une analogie digne de remarque. Aux termes de l'art. 49 du décret du 5 février 1810 et de l'art. 3 du décret du 11 juillet 1812, les dispositions concernant le brevet ne sont pas applicables aux libraires étalagistes. Ainsi placés en dehors de la législation sur la librairie, ils restent soumis aux règlements de police. Que font les colporteurs quand ils assistent aux foires et aux marchés, si ce *n'est ce que font exactement les libraires étalagistes à Paris ? Ils exposent leur marchandise sur la place ou sur la voie publique.* Pourquoi ne seraient-ils pas soumis aux mêmes règlements? Pourquoi ce qui se fait à Paris, sans dommage pour la liberté du *commerce*, ne se ferait-il pas dans les départements ? Il y a plus : le *colporteur* ne se borne pas, comme l'étalagiste, à exposer dans des lieux publics *l'objet de son commerce;* il va trouver le citoyen dans sa demeure, il le sollicite, le *presse et l'entraîne à des achats* que celui-ci n'eût point faits sur la place publique. — L'ASSIMILATION ENTRE LES COLPORTEURS ET LES LIBRAIRES ÉTALAGISTES SEMBLE NATURELLE; *ils doivent donc obéir à des règles analogues...* »

Déjà M. Thiers, caractérisant et défendant cet article de la loi, avait dit :

« Dans notre pays, dans notre état social, il y a une quantité de *professions* réglementées. Lesquelles? Celles qui exigent des garanties : ce sont les notaires, les huissiers, les avocats, une quantité d'autres, les libraires. Eh bien ! on exige de *ces petits libraires* qui vont porter toutes sortes d'écrits au peuple, on exige que *leur profession* donne des garanties, et au lieu de les astreindre à venir à Paris recevoir le brevet de l'administration de la librairie, on les renvoie devant le préfet pour obtenir une *licence de vendre... Voilà toute la loi, la voilà tout entière.* » (*Moniteur* du 25 juillet.)

L'honorable M. Pascal Duprat propose d'excepter les distributeurs de circulaires électorales et de tous écrits relatifs aux élections.

Le rapporteur répond que tout écrit pourra passer pour relatif aux élections ; puis il ajoute :

« Quand il s'agit d'élections, est-ce qu'on se sert de *colporteurs?* Est-ce que *chacun ne trouve pas le moyen de faire circuler d'une manière accidentelle* tous les écrits qui peuvent être utiles à la sincérité des élections? » Et sous l'empire de ces paroles, l'assemblée rejette l'amendement.

Ces dernières paroles et toutes celles que nous avons déjà citées ne prouvent-elles pas avec la dernière évidence que le colporteur de profession est seul en jeu? La loi ne s'appliquera pas en matière d'élections, dit le rapporteur, parce qu'en ce cas, on n'emploie pas les *colporteurs ;* et ces personnes qui trouveront le *moyen de faire circuler d'une manière accidentelle* les écrits relatifs aux élections, échapperont à la loi. — La loi ne s'applique donc dans l'esprit de ses auteurs qu'aux colporteurs, aux distributeurs de profession.

Dans le rapport, dans l'exposé des motifs, dans la discussion, il serait impossible de trouver un mot qui s'appliquât à d'autres personnes. C'est le *métier* qu'il s'agit de réglementer, et c'est à cause de cela que la loi est légitime. M. Morin le constate en ces termes (*loc. cit.*): « Tous les orateurs, qu'ils attaquassent ou défendissent le projet amendé, comprenaient et disaient assez qu'il s'agissait des distributeurs de profession. »

Le 1.er août 1849, le ministre de l'intérieur, M. Dufaure, déclare à son tour, dans une circulaire adressée aux préfets :

« L'article 6 donne à la loi et à la morale une satisfaction depuis longtemps réclamée. Il permet enfin de mettre un terme aux abus du colportage des livres, des écrits, des emblèmes de toute nature... Nul ne pourra EXERCER LA PROFESSION de distributeur ou de colporteur des livres, écrits, etc., etc., sans être pourvu d'une autorisation. » Le ministre indique ensuite les conditions que les préfets devront exiger des colporteurs, et les livres dont ils pourront autoriser la vente par ce moyen. (*Moniteur* du 3 août.)

Le *Moniteur* du 7 septembre publie une seconde circulaire du même ministre, qui, comme la première, s'occupe uniquement des colporteurs et distributeurs de profession.

Ainsi, les lois antérieures à celle du 27 juillet 1849 ne s'appliquaient qu'aux colporteurs de profession ; le texte de notre art. 6 ne permet pas de lui donner une portée plus étendue ; la discussion et les circulaires ministérielles qui se rattachent à son exécution viennent au besoin en préciser le sens.

Hâtons-nous de reconnaître que l'art. 6 de la loi de 1849 devrait être appliqué à une personne qui, sans être colporteur ou distributeur d'habitude, exercerait même accidentellement ce métier. Nous répéterons ici ce que nous avons dit à propos des lois de 1830 et de

1834 : Quand on fait un jour ce que les colporteurs et les distributeurs de profession font tous les jours, on s'assimile à eux, on est ce
jour-là colporteur ou distributeur; on tombe sous l'application de
la loi de 1849, comme tombe sous l'empire de la loi commerciale
tout individu qui, sans être commerçant, fait certains actes de commerce, une lettre de change par exemple. Mais, pour cela, il faut
qu'on distribue et qu'on colporte, et non pas qu'on remette un écrit
privatim à quelques personnes.

Quelle sera la limite? Où s'arrêtera la communication privée,
confidentielle, que la loi n'a voulu soumettre à aucune entrave?
Quand commenceront la distribution, le colportage, régis par
l'art. 6?

L'esprit de la loi, tel qu'il ressort des citations que nous avons
faites, est évidemment que la distribution tombe sous l'application
de l'art. 6 lorsqu'elle s'adresse *au public*. Sans doute, il est impossible d'indiquer ici le nombre d'exemplaires ou les autres circonstances qui constituent la distribution au public, de même que
pour les délits de la parole il est impossible de définir doctrinale-
ment la publicité. Mais le juge ne pourra appliquer l'art. 6 que
lorsqu'en fait il constatera qu'un écrit aura été, non pas remis à
quelques individus, mais répandu dans *le public*.

C'est en ce sens que se prononce le seul auteur qui, à notre
connaissance, ait discuté sous ce rapport la portée de l'art. 6 de
la loi de 1849, M. Morin (*loc. cit.*, n° 20).

. La jurisprudence ne l'a point entendu ainsi : parmi les arrêts,
les uns déclarent que la loi est générale, absolue et atteint le
fait de quiconque remet à un autre un écrit quelconque (Chambres
réunies, 26 mars 1856 et 30 janvier 1857); les autres distinguent
« les distributions que punit l'art. 6, des communications bienveil-
lantes » (Cass., 29 avril 1859; dans le même sens, Cass., 11 mai
1854 et 17 août 1860). D'après ces derniers arrêts, quand un fait
de distribution se produit, les juges du fait doivent apprécier si les
circonstances de la cause et les habitudes du prévenu donnent à ce

fait le caractère du colportage. Nous ne pouvons accepter ni l'une ni l'autre de ces deux théories.

Ce n'est pas sans un sentiment profond de regret que nous voyons si souvent, depuis quelques années, la Cour suprême réduire les questions de droit les plus graves à l'appréciation souveraine du fait, c'est-à-dire à l'arbitraire du juge et à ces entraînements de circonstances que la Cour de cassation a précisément pour mission de réprimer. Spécialement dans la question qui nous occupe, nous ne pouvons pas ne pas voir une question de principe dans la définition des caractères qui constituent la distribution et le colportage réglementés par l'art. 6 de la loi du 27 juillet 1849. La liberté des communications et la sûreté des relations sociales y sont intéressées.

Au fond, la théorie que nous combattons s'appuie sur deux arguments. — Le premier est celui-ci : la loi ne distingue pas entre les distributeurs. — Qu'on nous permette de le dire, c'est résoudre la question par la question. Sans doute la loi ne distingue ni entre les écrits ni entre les colporteurs et distributeurs, et l'argument porterait si l'on soutenait qu'une certaine catégorie de colporteurs échappe à la loi. Mais il s'agit ici de savoir ce qu'il faut entendre par colporteurs et distributeurs. Ce n'est pas résoudre le problème que de répondre que la loi ne distingue pas entre les distributeurs ; ce qu'il faudrait prouver, c'est que, par distributeur, la loi entend toute personne qui remet à une autre un écrit.

Cette preuve, on la demande à un incident de la discussion de 1849. M. Pascal Duprat ayant proposé d'excepter les distributeurs de circulaires électorales, et cet amendement ayant été rejeté, nous l'avons dit, on en conclut que le législateur n'a entendu admettre aucune exception à la règle qu'il posait. — Cet argument repose sur une double erreur : en premier lieu, d'un discours du rapporteur, cité par nous, il résulte qu'en rejetant l'amendement de l'honorable M. Duprat, le législateur a formellement réservé les droits de ceux qui, sans être colporteurs de profession, distribueraient accidentellement des circulaires électorales ; en second lieu, et en supposant que la distribution publique de circulaires électorales tombât sous l'application de la loi de 1849, il n'en résulterait nullement que la communication intime d'un écrit à un petit nombre de personnes constituât la distribution dans le sens de l'art. 6.

Si ces arguments qui s'épuisent à forcer le sens d'une expression pour étendre l'application d'une loi pénale devaient définitivement prévaloir, il faudrait renverser tous les principes qui ont présidé jusqu'à ce jour à l'interprétation de nos lois, et insérer en tête de nos codes cette maxime nouvelle : *Favores restringendi, odiosa extendenda*. Mais il n'y a même pas lieu à interprétation. La loi ne contient pas l'équivoque que la jurisprudence y introduit.

La loi parle de colporteurs et de distributeurs ; celui qui remet à quelques amis quelques exemplaires d'un écrit n'a jamais été appelé ni un colporteur ni un distributeur ; les précédents législatifs et la discussion de la loi de 1849 prouvent surabondamment que les personnes que cette loi a voulu atteindre sont les *colporteurs et distributeurs de profession, ou ceux qui accidentellement se feraient ou colporteurs ou distributeurs*, c'est-à-dire feraient un jour ce que font tous les jours les colporteurs et distributeurs, c'est-à-dire encore offriraient, livreraient au *public* un ou plusieurs écrits.

II.

En aucun cas la POSSESSION *d'écrits quelconques ne peut constituer ni crime ni délit.*

De très courtes observations suffiront pour justifier cette proposition, qu'a maintes fois consacrée la jurisprudence et sur laquelle s'est avec raison appuyé le Tribunal de Mulhouse pour acquitter M. Chassin.

Jamais, sous aucune législation, la simple possession d'un écrit quelconque n'a constitué un délit ; ni l'ancien régime ni la

Convention, ni l'Empire n'ont incriminé la possession d'écrits, quels qu'ils soient. Dans l'espèce, le ministère public lui-même a dû reconnaître que M. Chassin ne pouvait être condamné pour le seul fait d'avoir possédé les écrits trouvés dans sa malle, et afin d'étayer la prévention, on s'en est pris, paraît-il, à ses *intentions* présumées, à ses *projets* supposés.

C'est là une prétention contre laquelle se révoltent toutes les notions du droit et tous les instincts de la conscience.

Le système soutenu par M. le procureur impérial de Mulhouse a sa source dans une circulaire ministérielle du 30 novembre 1849, qui prétend soumettre aux prescriptions de l'art. 6 « tout distributeur, tout colporteur, tout *dépositaire d'écrits* DESTINÉS à être distribués. » — « Il convient, ajoute la circulaire, d'excepter la simple communication d'un écrit, *lorsqu'on ne peut supposer aucune intention* de colportage ou de publication chez celui qui la fait. » Dans le doute, le signataire de cette circulaire, M. Ferdinand Barrot, serait probablement d'avis de condamner celui auquel on *pourrait supposer une intention.* — L'auteur de ce document n'est pas l'auteur de la loi, et pour repousser cette étrange interprétation, il suffit d'opposer les circulaires, citées par nous, des 1ᵉʳ août et 6 septembre, émanées de l'éminent jurisconsulte qui a préparé et défendu la loi ; elles ont une autorité à laquelle ne saurait prétendre l'acte du 30 novembre.

L'intention n'est jamais punissable : *Cogitationis pœnam nemo patitur* (Ulpien, l. 18, D., *De pœnis*). La tentative, manifestée par un commencement d'exécution, n'est réprimée qu'en matière de crimes ou en matière de délits dans les cas spécialement prévus par la loi ; le projet avoué, l'acte préparatoire lui-même échappent à toute répression ; la tentative même reste impunie, si l'auteur de l'acte coupable s'est volontairement arrêté avant de l'avoir consommé (art. 2 et 3 du Code pénal).

M. Rossi a donné dans un langage élevé la raison de cette indulgence nécessaire de la loi : « Frappé de toutes les faiblesses de l'humanité, le pouvoir social n'offre qu'un spectacle lamentable de présomption et d'aveuglement, lorsque, sans le secours des faits extérieurs, il s'arroge de sonder les consciences, de scruter la pensée. Dans le cas d'une simple résolution, non-seulement il n'y aurait encore aucun acte d'exécution, mais il n'y aurait pas même d'acte préparatoire. Comment remonter jusqu'à la pensée criminelle, à l'acte interne?........

« .... La pensée est libre, elle échappe à l'action matérielle de l'homme ; elle peut être criminelle, elle ne saurait être enchaînée. » (*Droit pénal*, l. 2, c. 26.)

La loi s'arrête devant la pensée, parce qu'elle n'a pas le moyen d'en pénétrer les secrets, et que, le pût-elle elle n'en aurait pas le droit.

L'espèce actuelle semble imaginée pour faire ressortir ces vérités éternelles. Dans l'affaire Bessner, la Cour de Colmar et la Cour de cassation ont rapproché les habitudes de propagande imputées au prévenu du fait isolé qui lui était reproché, et elles ont cherché dans ce rapprochement les éléments constitutifs du délit. La doctrine de ces arrêts a été vivement et justement critiquée. Mais aujourd'hui le ministère public va bien plus loin ! M. Chassin n'a jamais rien distribué ni colporté ; on ne peut pas relever contre lui ses antécédents et alors on invoque contre lui.... ses opinions ! — Dans une séance du Corps législatif un ministre l'a accusé d'avoir rédigé en 1848 certains journaux ; le fait était matériellement inexact : M. Chassin l'a prouvé. N'importe, on s'empare de cette accusation victorieusement démentie, et l'on en tire la preuve que M. Chassin n'a pas pu ne pas avoir l'intention de commettre le délit qui lui est reproché.

La nation est ainsi divisée en deux catégories : les uns, qui auront l'estime du parquet, pourront porter ou même communiquer à leurs amis tout ce qu'ils voudront, leurs intentions étant protégées par une présomption légale d'innocence ; les autres seront des *suspects*, car il faut ressusciter ce mot d'odieuse et sanglante mémoire, et en conséquence, s'ils portent avec eux un livre, il y aura présomption légale qu'ils sont animés d'une intention coupable, et cette intention deviendra un délit. Jusqu'à présent, pour apprécier le caractère légal d'un acte, on examinait l'acte en lui-même et non la personne de l'agent; si les prétentions de M. le procureur impérial de Mulhouse étaient admises, à l'avenir on renverserait cette règle sur laquelle repose la justice depuis que le monde existe, et le même fait serait innocent ou criminel, suivant qu'il aurait été accompli par tel ou par tel individu. O justice! ô égalité! ô principes de 1789, que veut-on faire de vous sous l'empire de cette constitution qui s'abrite sous votre ombre sacrée!

Déjà une circulaire trop célèbre avait placé hors du droit commun les exilés et leur avait contesté le droit d'écrire; le système suit son développement logique, et voici que l'on entreprend de créer jusque dans les pratiques de la vie privée des incapacités inconnues; on institue des délits pour les citoyens qu'il aura plu à un ministre de déclarer suspects.

Sans doute, quand un fait matériel se produit, comme l'*animus nocendi* est un élément essentiel du délit, le juge doit rechercher l'intention de l'auteur de ce fait; quand aucun fait matériel ne s'est produit, il n'est pas permis de demander compte à un citoyen de sa pensée pour faire sortir de cette pensée un délit.

Mais, dira-t-on, le fait matériel existe: M. Chassin était détenteur de six exemplaires de la même brochure; il ne pouvait apporter ces six exemplaires pour son usage personnel; il avait donc évidemment l'intention de les distribuer; il les aurait distribués si on ne les avait saisis : ce transport fait dans une intention évidente constitue le commencement d'exécution.

En droit, nous répondons que l'article 6 de la loi du 27 juillet ne punissant pas la tentative, la tentative, existât-elle, devrait, aux termes de l'article 3 du Code pénal, échapper à toute répression. Nous répondons encore que le transport, qui serait tout au plus un acte préparatoire, ne saurait être légalement considéré comme un commencement d'exécution.

A un autre point de vue et en fait, la conséquence tirée par la prévention n'est pas logique. M. Chassin a répondu qu'il avait reçu d'un tiers à destination d'un autre tiers un paquet fermé dont il ignorait le contenu : on ne prouve pas, on n'essaye pas de prouver que cette réponse soit mensongère ; elle doit dès lors être admise, et elle couvre M. Chassin.

Ce n'est pas tout. M. Chassin pourrait avoir eu l'intention de remettre à un tiers ce paquet en connaissance de cause, sans que cette remise, en la supposant même consommée, constituât le délit de colportage (Bourges, 4 janvier 1854 ; Cassation, 11 mai 1854 ; Dalloz, 1855, V, p.588). Il pourrait encore dire qu'il avait l'intention, une fois en France, de mettre ces exemplaires à la poste à l'adresse d'une ou plusieurs personnes, et dans cette hypothèse, il serait protégé par une jurisprudence que nous citerons tout à l'heure.

Si donc, en droit, il n'est pas permis de sonder les intentions d'un prévenu pour en tirer un délit que ne constitue aucun acte matériel, en fait, il ne serait même pas possible de trouver dans les faits relevés la preuve de cette intention sur laquelle repose la prévention.

Nous venons de raisonner dans l'hypothèse d'un délit ; mais la jurisprudence a unanimement proclamé et personne ne conteste que le fait prévu et puni par l'article 6 de la loi du 27 juillet constitue non pas un délit, mais une contravention (voyez notamment Riom, 6 janvier 1850 ; Montpellier, 24 janvier 1850 ; Cassation, 2 mars 1850). — En matière de contravention, la tentative n'est jamais punissable ; or, dans le système même de la prévention, et en admettant qu'il faille tenir compte de l'intention qu'aurait eue M. Chassin, aucun exemplaire n'ayant été par lui ni distribué, ni communiqué, ni offert, il y aurait une tentative de contravention, c'est-à-dire un fait légalement irréprochable.

La contravention consiste dans un fait matériel ; à la différence du crime et du délit, la contravention existe en dehors de toute intention frauduleuse : celui qui l'a commise ne peut invoquer sa bonne foi ; et la prévention, qui repousserait toute excuse tirée de l'intention d'un contrevenant, invoquerait contre le prévenu cette même intention dont elle ne lui permettrait pas de se prévaloir ! Impuissante à absoudre, l'intention suffirait pour condamner ; incapable d'effacer la contravention, elle suffirait à la créer !

S'il est toujours vrai que l'intention, isolée d'un fait matériel d'exécution, ne peut jamais constituer une infraction punissable, cela est encore plus incontestable lorsqu'il s'agit de contravention, puisque la contravention consiste uniquement, exclusivement, dans le fait matériel.

Ces principes ont été sagement appliqués et fort juridiquement résumés par le jugement frappé d'appel : « L'intention de commet-» tre un délit n'équivaut pas au délit ; il n'y a délit ou tentative de » délit, quand celle-ci est admise par la loi, que lorsque l'intention » délictueuse s'est manifestée par des actes matériels entre lesquels » encore il faut distinguer les actes d'exécution des actes simple-» ment préparatoires. Ces principes sont d'autant plus applicables » à l'espèce, que le fait prévu par l'art. 6 de la loi du 27 juil-» let 1849 est du nombre de ceux qui sont considérés comme » délictueux indépendamment de toute intention. »

Les premiers juges ont avec raison trouvé un argument nouveau en faveur de leur doctrine dans l'art. 2 du décret organique du 17 février 1852 ainsi conçu : « Les *introducteurs* ou distributeurs d'un *journal étranger* dont la circulation n'aura point été autorisée, seront punis d'un emprisonnement d'un mois à un an et d'une amende de 100 à 500 francs. » Si le seul fait de posséder, d'introduire en France ou de transporter un écrit, constituait le délit prévu par la loi de 1849, indépendamment de tout acte de distribution, l'article que nous venons de citer eût été tout à fait inutile et n'aurait pas été introduit dans la loi. Le législateur de 1852 a créé un nouveau délit ; en dehors du cas spé-

.cial prévu par lui, le délit n'existe pas. Faut-il regretter que les .brochures et les écrits de tous genres ne soient pas assimilés aux journaux? Faut-il déplorer qu'un tel oubli ait échappé à l'auteur si prévoyant du décret du 17 février 1852? S'il est des esprits que ne satisfasse pas notre législation sur la presse, nous leur laisserons le soin de solliciter de nouvelles rigueurs. Cette mission n'est pas la nôtre, et, dans le silence, heureux ou malheureux, de la loi, nous devons conclure à l'absolution d'un fait que la loi n'a pas puni.

Jusqu'à ce jour la doctrine et la jurisprudence sont unanimes pour consacrer les principes que nous venons de soutenir.

. « *Colporter* dans le sens propre de ce mot, c'est porter à son *col* des marchandises pour les vendre, et conséquemment pour les livrer ; *distribuer,* c'est répartir. *Il ne peut donc y avoir colportage ou distribution d'un écrit qu'autant qu'on le livre ou qu'on le vend à une ou plusieurs personnes.* » (Dalloz, *Répert.,* v° Presse, n° 433.)

. « Il ne peut y avoir colportage ou distribution qu'autant qu'*il existe un fait matériel auquel ces expressions soient applicables.* — Si, en réalité, il n'y a eu de la part du prétendu distributeur *remise directe* d'un écrit, ni à son propre domicile, ni en tout autre lieu, il ne saurait y avoir distribution ou colportage dans le sens de la loi. » (Id., n° 436.)

« Il paraît également évident, et c'est aussi ce qui a été décidé, que le fait par un individu qui n'exerce pas habituellement le métier de colporteur, d'être *en possession de livres,* brochures ou écrits quelconques, *sans avoir fait aucun acte ou aucune démarche ayant pour objet la vente ou la distribution de ces écrits,* ne constitue pas le délit prévu par l'art. 6 de la loi de 1849. » (Id., n° 437.)

« *Colporter,* c'est crier et vendre à tous, dans les rues, des journaux ou imprimés ; en *distribuer,* c'est *livrer, remettre, faire parvenir* ces écrits ou journaux à plusieurs personnes, soit gratuitement soit à prix d'argent. » (Bordeaux, 15 février 1850.)

Une espèce identique à la nôtre s'est présentée devant la

Cour de Douai, qui a jugé comme le Tribunal de Mulhouse :

« En ce qui concerne l'inculpation de colportage, sans autorisation légale, de livres, brochures et écrits imprimés, attendu que *le seul fait de possession de livres, brochures ou écrits quelconques de la part d'un individu qui ne fait pas habituellement métier de colporteur, sans avoir été suivi d'aucun acte ou d'aucune démarche ayant pour objet la vente ou distribution* de ces écrits, ne constitue pas le délit prévu par l'article 6 de la loi de 1849 ;

» Attendu que la saisie de livres, brochures et imprimés séditieux trouvés dans une des malles de Vincent d'Ecquevilley, constatée par procès-verbal du commissaire central de police de Boulogne, *a été opérée au moment même du débarquement en France de l'inculpé et avant que ce dernier ait pu faire aucune démarche pour tenter de distribuer ces écrits;* qu'en conséquence, c'est avec raison que les premiers juges ont déclaré n'y avoir lieu à suivre derechef contre l'inculpé. » (Douai, 23 juin 1854.)

M. Dalloz, en reproduisant cet arrêt, en approuve complétement le dispositif et les motifs. (Dalloz, 1855, 2, 25.)

La Cour de cassation a plusieurs fois consacré la même doctrine en termes formels :

« Attendu que l'arrêt attaqué reconnaît et déclare que dans le courant de novembre 1852, et sans autorisation préalable, le demandeur a déposé au bureau de poste de Saint-Amand *trente exemplaires* d'un écrit autographié, spécifié audit arrêt, lesquels, placés sous enveloppes cachetées, étaient *adressés à diverses personnes auxquelles ils sont parvenus;* que le même arrêt ne relève à la charge du demandeur *aucun fait de distribution personnelle* distinct et indépendant du dépôt dont il vient d'être parlé; qu'ainsi ce dépôt a servi seul de base à la poursuite et motivé la condamnation prononcée ;

» Attendu qu'il ne constitue pas néanmoins la contravention prévue par l'article 6 de la loi précitée ; qu'il résulte en effet du texte et de l'esprit de cette loi que cette contravention, quelle que soit d'ailleurs la peine édictée, *existe par le fait matériel de la distribution des écrits et* PAR CE FAIT SEUL, *sans qu'il y ait lieu de rechercher la culpabilité des colporteurs ou distributeurs au point de vue* MORAL ET INTENTIONNEL ; que cette interprétation peut seule assurer son entière efficacité ;

» *Que la contravention ne saurait donc exister que sous la condition d'établir* DIRECTEMENT *et personnellement contre les inculpés un* FAIT MATÉRIEL *de colportage ou de distribution ;*

» Attendu, à cet égard, que c'est à tort que l'arrêt attaqué pose en principe que ce fait est légalement justifié et caractérisé par le simple dépôt des écrits à la poste ; que c'est s'éloigner évidemment de la vérité même des choses que de *confondre ainsi le dépôt antérieur et préalable à la distribution, avec la* DISTRIBUTION ELLE-MÊME QUI NE S'ACCOMPLIT EN RÉALITÉ QU'AU MOMENT OÙ LA REMISE DES ÉCRITS EST EFFECTUÉE ENTRE LES MAINS DU TIERS DESTINATAIRE.......

« Casse...... »

(Cass., 8 avril 1853, Thieffries.)

Ainsi, la contravention à l'article 6 de la loi du 27 juillet n'existe que par *le fait matériel de la distribution des écrits ;* la contravention ne *saurait exister sans un fait matériel de colportage et de distribution ;* la distribution, seule punissable, ne commence *qu'au moment où la remise des écrits est effectuée entre les mains des tiers destinataires.* La même Cour avait déjà rendu dans le même sens un autre arrêt, non de rejet et d'espèce, mais de principe et de cassation, à la date du 17 août 1850.

Les mêmes principes ont encore été consacrés, pour des espèces différentes, par une série d'arrêts dont nous citerons un seul :

« Attendu qu'un procès-verbal régulier constate que Prosper Oudin a été trouvé porteur d'un seul exemplaire d'une pétition imprimée adressée à l'Assemblée nationale, qu'il *présentait* DE MAISON EN MAISON à la signature des habitants ;

» Attendu qu'on ne saurait voir dans les faits ainsi déterminés le fait de colportage d'écrits, prévu et puni par la loi du 27 juillet 1849, *qui suppose toujours* COMME CONDITION NÉCESSAIRE *de la con-travention la* REMISE OU LA VENTE DE L'ÉCRIT COLPORTÉ.....

« Casse..... »

(Cass., 6 juillet 1850; dans le même sens et presque dans les mêmes termes, voy. Cass., 18 juillet 1850, 9 août 1850, 24 janvier 1851, 14 janvier 1851, 7 février 1851, 10 mai 1851.)

Ces différentes espèces étaient bien moins favorables que la nôtre. Dans les unes, *l'intention* de distribuer était constante, puisque l'écrit avait été, à un grand nombre d'exemplaires, remis à la poste. Dans les autres, la communication s'était opérée, le colportage avait eu lieu de maison en maison. Et cependant dans toutes ces espèces la Cour suprême a refusé de voir une contravention, parce qu'il n'y avait pas eu remise de l'écrit par le prévenu et que la contravention ne pouvait résulter que du fait matériel de la remise de l'écrit.

Supposez que M. Chassin ait mis à la poste les écrits saisis sur lui, aux termes de la jurisprudence il devrait être acquitté ! Sera-t-il condamné parce qu'il aura fait, pour ainsi dire, un pas de moins dans la voie du colportage?

Supposez en sens inverse que les écrits, mis à la poste par M. de Thieffries (arrêt du 8 avril 1853), eussent été saisis dans sa poche avant qu'il les eût mis à la poste. Les principes qui ont conduit la Cour suprême à l'absoudre auraient-ils permis de le condamner? Si la thèse de l'appelant était vraie, M. de Thieffries aurait dû être condamné; car il était constant que pour mettre à la poste les écrits postérieurement saisis, il les avait possédés et transportés avec l'intention avouée de les répandre dans le public.

C'est à ces arrêts que nous faisions allusion en disant que M. Chassin, pour arrêter la prévention et constater son impuissance, pourrait dire que son *intention* — puisqu'on fait des procès d'intention! — était de mettre à la poste les écrits saisis dans sa malle.

Il nous reste à dire un mot des conséquences du système soutenu par le parquet de Mulhouse. Comme la jurisprudence a décidé que les termes absolus de la loi de 1849 s'appliquaient à toutes sortes d'écrits et qu'il s'agit d'une contravention que n'excuse pas la bonne foi, comme aux termes de certains arrêts la remise d'un seul exemplaire constitue le fait de colportage, il serait impossible de se charger d'apporter à un ami un ouvrage quelconque ou une gravure, sans tomber sous le coup de la loi ; on sera peut-être épargné, si l'on pense bien ; on sera frappé, si l'on est suspect. D'après la jurisprudence, l'auteur n'échappe pas aux prescriptions de la loi de 1849 ; l'auteur qui emportera en voyage ou conservera chez lui six exemplaires de son livre sera poursuivi, car il aura l'intention évidente de les distribuer ! Ce n'est pas tout, l'autorisation de colporter et de distribuer ne vaut que pour le département où elle est obtenue ; si donc je veux rapporter de l'étranger ou de la province deux exemplaires d'un livre, si je veux dans un voyage emporter quelques exemplaires d'un ouvrage dont je serai l'auteur, il me faudra obtenir l'autorisation du préfet de chaque département que je traverserai ! Ce n'est pas tout encore : les livres destinés à être colportés doivent porter une estampille bleue ; si j'ai l'ambition d'aller moi-même faire hommage à quelques amis d'un de mes ouvrages, si j'ai seulement le désir d'en conserver chez moi ou d'en mettre dans ma malle quelques exemplaires, il ne me suffira pas d'obtenir l'autorisation de M. le préfet, il faudra encore que je fasse estampiller chacun de ces exemplaires !

Voilà où l'on doit logiquement arriver quand on s'écarte du texte comme de l'esprit de la loi, pour étendre arbitrairement ses dispositions à des hypothèses que le législateur n'a pas eues, qu'il n'a pas pu avoir en vue.

CONCLUSIONS.

Les ouvrages saisis dans la malle de M. Chassin n'ont été l'objet d'aucune condamnation. Peu importe d'ailleurs! M. Chassin n'est pas inculpé du délit de publication d'écrits délictueux, et il ne peut pas être poursuivi de ce chef, puisque les écrits en question n'ont reçu par son fait aucune publicité. En ce qui concerne le délit de colportage et de distribution, la nature de l'écrit colporté ou distribué ne peut être relevée ni pour ni contre le prévenu.

M. Chassin n'est pas et ne peut pas être poursuivi pour infraction à l'article 2 du décret du 17 février 1852, puisque les écrits saisis sont des brochures et non des journaux.

M. Chassin est poursuivi pour contravention à l'article 6 de la loi du 27 juillet 1849, contravention qui résulterait de la présence en ses mains de certains écrits avec intention présumée de les distribuer ultérieurement.

En fait, cette intention n'est même pas établie, et la Cour ne saurait, comme dans l'affaire Bessner, la faire résulter d'une habitude de colportage établie contre lui, habitude qui ferait pour ainsi dire de lui un colporteur de profession.

En droit, malgré la jurisprudence, nous persistons à penser que l'art. 6 de la loi de 1849 n'est applicable qu'aux colporteurs ou distributeurs de profession, ou tout au moins à ceux qui accidentellement offrent ou distribuent *au public* un écrit, ce qui n'est évidemment pas le fait de M. Chassin.

En tous cas, avec l'unanimité de la doctrine et de la jurisprudence, avec le sens évident des mots, nous pensons qu'il n'y a distribution que dans le *fait matériel de la remise ou de l'offre* d'un objet à plusieurs individus ou tout au moins à une personne; or, on n'établit, on n'articule même pas que M. Chassin ait *remis* ou *offert* à qui que ce soit un seul exemplaire des deux ouvrages saisis dans sa malle.

Par tous ces motifs,

Nous estimons que le jugement du 3 août a été bien rendu et que M. Chassin doit être renvoyé des fins de la prévention dirigée contre lui.

PAUL ANDRAL,

AVOCAT A LA CÒUR DE PARIS.

Délibéré à Paris, le 31 août 1861.

Le Conseil soussigné,

Avocat à la Cour de Paris, bâtonnier de l'ordre;

Adhère complétement aux solutions qui précèdent.

Se reportant aux souvenirs contemporains de la loi du 27 juillet 1849, il peut affirmer, comme le feraient tous ses anciens collègues, que nul membre de l'Assemblée législative n'entendait voter une loi qui pût permettre des poursuites contre d'autres personnes que LES-COLPORTEURS DE PROFESSION.

Les documents cités ci-dessus le prouvent, du reste, avec une évidence telle, qu'il faut toute la préoccupation des temps troublés où nous vivons, pour établir sur ce point la moindre équivoque.

En étendant la nécessité d'une autorisation préalable à la distribution d'un écrit quelconque, la Cour de cassation, comme on l'a très spirituellement fait observer, légitime une condamnation contre celui qui dépose une carte de visite sans la permission de son préfet. Si cette faculté nous reste, elle est, il faut bien le reconnaître, de pure tolérance; et les austères interprètes de la loi de 1849 pourront la faire disparaître quand il plaira à la police de le réclamer.

Le Conseil soussigné ne peut voir, dans cette extension regret-
table donnée à une loi pénale d'ailleurs parfaitement claire, qu'un
symptôme de cette disposition, malheureusement trop générale, à
changer les droits les plus naturels en simples concessions de l'autorité ; et il espère que, comprenant la gravité et le danger d'une
semblable doctrine, la Cour de cassation reviendra sur la jurisprudence qui la consacre.

A ses yeux, celui-là seul doit être muni d'une autorisation
préalable, qui fait MÉTIER DE COLPORTEUR, c'est-à-dire qui distribue
et vend des écrits.

C'est pour réprimer les abus de cette PROFESSION que la loi de
1849 a été faite.

A bien plus forte raison ne punit-elle pas la possession, *indépendante de toute distribution*, ainsi que l'a judicieusement décidé
le tribunal de Mulhouse, ainsi que l'a victorieusement prouvé
M° Paul Andral par une argumentation aussi forte qu'ingénieuse.

JULES FAVRE,

BATONNIER,
DÉPUTÉ AU CORPS LÉGISLATIF.

De Vichy, ce 15 septembre 1861.

ADHÉSIONS.

———

J'adhère pleinement à la consultation de mon confrère.

Déjà plusieurs fois mon témoignage a été invoqué en justice, comme avocat, sur une loi que j'ai présentée et défendue comme ministre. J'ai toujours répondu et je réponds encore aujourd'hui :

Que la seule pensée de cette loi a été de réglementer et de soumettre à la surveillance de l'autorité une profession alors jugée dangereuse ;

Qu'étendre l'application de cette loi même à un fait accidentel de distribution, c'est sortir de l'esprit dans lequel elle a été présentée, discutée et votée ;

Que si, dans les débats, un opposant eût objecté que cette loi pourrait recevoir les applications qu'elle a reçues d'une jurisprudence extensive, et, par exemple, qu'on l'appliquerait au seul fait de la distribution par un candidat de ses circulaires et de ses bulletins électoraux, je ne lui aurais pas fait d'autre réponse que celle-ci :

« Que toute loi suppose dans le juge, chargé de l'appliquer, la volonté de rechercher l'esprit dans lequel elle a été votée, et de l'interpréter en conséquence ;

» Que le législateur ne peut ni tout dire, ni tout prévoir, et qu'i est bien obligé de s'en rapporter dans une certaine mesure à bonne foi et à la sagacité des tribunaux. »

J'aurais eu tort, sans doute ; mais je suis bien assuré que la grande majorité de l'Assemblée eût applaudi et adhéré à ma réponse. Les législateurs anglais font peut-être mieux que nous, alors qu'ils précisent tout dans la loi et qu'ils montrent plus de défiance envers ceux chargés de l'appliquer.

Quoi qu'il en soit, et dans l'espèce, alors qu'il n'y a pas même un fait matériel de distribution, je ne comprends même pas la controverse. Autant vaudrait punir, comme débitant sans licence, le détenteur de quelques bouteilles de liqueur, qui ne les aurait pas mises en vente.

La contravention, — puisqu'il s'agit de contravention, — ne peut jamais s'induire d'une intention.

Elle gît tout entière dans le fait matériel.

ODILON BARROT.

L'avocat soussigné adhère pleinement aux conclusions de la consultation ci-dessus délibérée par M⁰ Paul Andral, le 31 août dernier. La solution qui y est donnée est la seule qui puisse être légalement appliquée au fait qui a été l'objet du procès intenté contre M. Chassin.

Il s'agit d'une saisie, opérée à la douane, de diverses brochures dont M. Chassin était en possession au moment de son entrée en France, et qui formaient un paquet fermé faisant partie de ses bagages. Le seul fait imputable à M. Chassin est d'avoir introduit ces brochures en deçà de la frontière ; il les a uniquement possédées et transportées.

L'introduction des écrits dont il s'agit n'est point en elle-même ncriminée, la possession ne peut pas l'être. Il n'y a donc que les conséquences du fait matériel de transport qui doivent être appréciées.

Or, le transport pur et simple ne peut être assimilé au colportage. Le citoyen qui voyage avec un paquet de livres ou brochures en est uniquement *porteur;* il ne peut être considéré comme COLPORTEUR, même accidentellement, que lorsqu'en effet il colporte, c'est-à-dire, suivant le sens légal et grammatical du mot, lorsqu'il porte de côté et d'autre, de maison en maison, lorsqu'il présente à divers individus les objets dont il est porteur, et qu'il fait au moins une tentative de distribution.

Transporter des livres ou brochures de l'étranger en France, ce n'est par ce fait unique se rendre ni crieur, ni vendeur, ni distributeur; et, dans de tels cas, il n'y a point acte de colportage, mais seulement introduction sur le territoire d'objets, dont l'entrée n'est d'ailleurs point prohibée.

L'appel interjeté par M. le procureur impérial de Mulhouse, contre le jugement rendu en faveur de M. Chassin par le tribunal de cette ville, doit donc être rejeté, et ce jugement doit être confirmé dans son dispositif comme dans tous ces motifs.

BERRYER,

ANCIEN BATONNIER,
ANCIEN REPRÉSENTANT.

Délibéré ce 16 septembre 1861.

J'adhère aux principes posés et aux solutions données dans la consultation de mon confrère Andral.

MARIE,

ANCIEN BATONNIER,
ANCIEN REPRÉSENTANT.

J'adhère complétement à la consultation ci-dessus de mon confrère Me Andral.

Le tribunal correctionnel de Mulhouse, dans son jugement du 3 août dernier, a très sainement interprété et très justement refusé d'appliquer à l'espèce la loi des 27-29 juillet 1849.

Cette loi, dont il est si facile de connaître l'esprit et les origines, qu'explique fort bien d'ailleurs la consultation de Me Andral, n'admet pas une autre interprétation que celle-là ; et les principes sur lesquels elle se fonde, entendus comme ils l'ont été par les premiers juges, sont évidemment les seuls qui puissent se concilier avec une législation sensée et honnête.

BAZE,

AVOCAT A LA COUR IMPÉRIALE DE PARIS,
ANCIEN REPRÉSENTANT.

Maestroff (Grand duché de Luxembourg),
le 17 septembre 1861.

J'adhère complétement aux solutions données dans la consultation de mon confrère Paul Andral, et, par les motifs qui développent avec tant de force l'interprétation qu'il donne de la législation sur le colportage, la confirmation de l'excellent jugement du tribunal de Mulhouse me paraît certaine.

AD. CRÉMIEUX,

AVOCAT A LA COUR DE PARIS,
ANCIEN REPRÉSENTANT.

15 septembre 1861.

J'adhère pleinement à la consultation délibérée par mon confrère Andral pour M. Chassin.

La discussion qui a précédé, dans l'Assemblée législative, le vote de la loi du 27 juillet 1849, discussion que je me rappelle bien, ne permet aucun doute sur la solution des questions posées.

Personne n'imaginait alors une application de cette loi à d'autres citoyens que ceux qui exerçaient, soit habituellement, soit accidentellement, le métier de colporteur ou de distributeur.

Si la simple possession de quelques brochures saisies dans la malle de M. Chassin, sans qu'on lui reproche aucuns faits de colportage habituel ou de distribution, pouvait faire infirmer le jugement rendu par le tribunal de Mulhouse, il faudrait dire que la loi de 1849, certainement détournée de son but, évidemment contraire aux principes fondamentaux de notre droit pénal, serait chaque jour applicable aux hommes les plus sages de toutes les opinions.

EMMANUEL ARAGO,

AVOCAT A LA COUR DE PARIS,
ANCIEN REPRÉSENTANT.

21 septembre 1861.

Je n'hésite pas à donner mon entière adhésion à la consultation de mon honorable confrère M⁰ Andral.

J'avais l'honneur de faire partie de la Commission qui a élaboré la loi de 1849, et je puis affirmer qu'il n'est pas entré dans sa pensée d'atteindre *le fait exceptionnel de distribution*, mais seulement LA PROFESSION, c'est-à-dire le fait de *colporter ou distribuer* HABITUELLEMENT des livres, écrits, etc., etc.

Le motif de la loi était de mettre un terme aux abus qui se commettaient alors par la distribution de ces petits écrits, dont les doctrines dangereuses menaçaient l'ordre social. Comme il était difficile de définir la profession et d'énumérer les faits qui constitueraient le colportage et la distribution, le législateur s'est borné à astreindre les colporteurs et distributeurs à se pourvoir d'une autorisation, laissant aux tribunaux le soin d'appliquer la loi dans son esprit, et d'apprécier les circonstances qui détermineraient la qualité de colporteur ou distributeur.

Une objection était faite au sein de la Commission sur l'extension que l'on pourrait donner à la loi. Mais M. le ministre de l'intérieur répondait alors qu'il n'y avait aucun danger, et que si le gouvernement voulait s'écarter du principe de cette loi, les tribunaux sauraient l'appliquer dans son véritable esprit.

Il est vrai que depuis la jurisprudence a trompé son attente, et que le seul fait de la remise d'un bulletin électoral a été considéré comme une distribution donnant lieu à l'autorisation préalable. Mais, du moins, les tribunaux n'ont jamais poussé les conséquences des principes qu'ils appliquaient jusqu'à confondre la *possession* d'écrits avec leur *distribution*. Posséder, ce n'est pas distribuer, ainsi que le démontre si clairement la consultation de Mᵉ Andral.

Si la possession de six exemplaires d'un écrit quelconque pouvait, *par l'intention*, — inadmissible en pareille matière, puisqu'il s'agit de contravention et non de délit, — constituer *la tentative* de distribution ou de colportage, — également inadmissible, — où s'arrêterait-on ?

La possession de deux exemplaires et même d'un seul, pourrait aussi, par l'intention, constituer la distribution, puisque la jurisprudence admet que la remise d'un seul bulletin caractérise cette distribution.

Une telle doctrine est en opposition directe avec l'esprit de la loi de 1849, et le tribunal de Mulhouse me paraît, en la proscrivant, avoir restitué à la loi son véritable sens.

ÉMILE LE ROUX,

Avocat a la cour impériale de Paris,
Ancien représentant.

Le 18 septembre 1861.

Le soussigné, avocat à la Cour impériale de Paris, déclare adhérer sans réserve à la consultation délibérée par M⁰ Andral, en faveur de la doctrine adoptée par le tribunal de Mulhouse dans l'affaire Chassin.

Il ne peut croire à une infirmation ; il ne saurait apercevoir les motifs de l'appel du ministère public.

Pour condamner M. Chassin, il faudrait faire violence à la signification des mots, oublier leur étymologie, supposer que les justiciables, qui sont censés connaître et comprendre la loi, sont censés aussi la deviner quand elle dit le contraire de ce que les tribunaux doivent y lire un jour. En effet, *distribuer* ne voudra jamais dire *remettre*, encore moins *avoir* dans les mains. Toujours ce mot signifiera remettre *de côté et d'autre*, c'est-à-dire à plusieurs ; opérer une *diffusion*, une *circulation*, comme le disait aux membres de l'Assemblée législative le rapporteur non suspect de cette loi, M. Dariste, aujourd'hui sénateur, et qui certainement maintiendrait le sens qu'il donnait à ce mot. — De même, *colporter* ne voudra jamais dire porter dans sa malle, porter pour soi ou pour quelqu'un. Toujours ce mot supposera un *commerce*, un commerce suspect qui *inonde* le pays, comme le disait si bien M. Odilon Barrot, le ministre auteur de la loi ; une *profession*, un *métier*, comme le disait plus nettement encore M. Dariste, rapporteur ; une annexe cachée et dangereuse d'une autre industrie hypocrite et menteuse qui la couvre, une excitation à *l'achat* par la facilité de la *vente*, comme le disaient et le rapporteur et M. Dufaure, ministre ; une sorte de *petite librairie*, indigne d'un *brevet*, comme le répondait à M. Pascal Duprat M. Thiers, l'un des partisans de la loi ; une circulation *habituelle*, par opposition à la circulation *accidentelle* des écrits électoraux.

Pour condamner M. Chassin, il faudrait supposer la loi, que l'on peut trouver utile aujourd'hui, mais qu'en 1849 on ne trouva pas nécessaire, puisqu'on ne l'écrivit pas : admettre que pour punir *celui qui distribue ou colporte*, on a commis la faute bizarre de dire *le distributeur ou colporteur ;* bien plus, admettre que, pour dire avec le rédacteur de la circulaire du 30 novembre 1849, *le dépositaire,* on a écrit *le distributeur ;* que, pour punir un fait matériel, à titre de contravention indépendante de toute question d'intention ou de bonne foi, on a, selon la même circulaire, à scruter *l'intention* du dépositaire, et à juger de son *projet* sur son *opinion* politique; en sorte que, grâce à cette circulaire, la loi, de *générale* qu'elle était, deviendrait une loi de *catégorie,* et de catégorie arbitraire, et punirait celui-ci et non celui-là, dans des circonstances identiques de fait matériel. — Ceci ne serait plus le simple renversement des lois de la langue, ce serait la violation la plus hardie de tous les principes de la législation pénale.

Pour condamner M. Chassin, il faudrait détourner du décret dictatorial du 17 février 1852, art. 2, relatif aux écrits périodiques seuls, le mot *introducteur* qui y est, pour le transporter dans la loi de 1849, relative *à la distribution et au colportage,* où ce mot n'est pas. — Ceci serait grave, d'une loi antérieure à une loi postérieure; grave, d'une loi contemporaine à une loi contemporaine; grave, d'un article à un autre dans la même loi. Mais ce serait monstrueux d'une loi dictatoriale postérieure à une loi antérieure qu'il faut ou modifier, — on le peut, — ou respecter, — on le doit.

Pour condamner M. Chassin, il faudrait, soit en matière de délit, soit même en matière de contravention, punir la tentative quand la loi ne la punit pas et ne peut même la punir; supposer l'intention du fait, là où le fait est jugé en dehors de l'intention; supposer le commencement d'exécution, élément essentiel de la tentative, là où l'on rencontre l'ignorance absolue du fait matériel lui-même. — Ceci renferme des contradictions inacceptables.

Pour condamner M. Chassin, il faudrait être résolu à condamner, et par conséquent à poursuivre quiconque, ami ou auteur, aurait dans sa malle plus d'un exemplaire d'un ouvrage politique ou non, écrit par lui ou par tout autre, pour le garder, le montrer, ou le donner, ce qu'on pourrait augurer de ses relations, comme ici on veut l'augurer d'après l'opinion politique. — Ceci serait impraticable, et ne saurait échapper à l'impossible qu'en restant dans l'arbitraire.

Enfin. pour condamner M. Chassin, il faudrait pouvoir le mettre en situation d'éviter la condamnation, sans être privé du droit de remettre sans distribuer, de porter sans colporter, ou tout au moins de distribuer et de colporter à sa manière, avec l'autorisation voulue, dans les limites d'un voyage ordinaire. Or, chaque autorisation vaut seulement pour un département. — On voit d'ici la conséquence.

Selon le soussigné, il y a mieux que tout cela à faire. Il y a à prendre la loi telle qu'elle est, sous peine de la détruire; il y a surtout à ne voir les délits et les dangers que là où ils sont, sous peine de les créer.

VICTOR LEFRANC.

AVOCAT A LA COUR IMPÉRIALE DE PARI

ANCIEN REPRÉSENTANT.

Délibéré le 16 septembre 1861.

Le soussigné, qui a pris connaissance d'un jugement rendu le 3 août dernier, par le tribunal correctionnel de Mulhouse, et de la consultation rédigée le 31 août, à Paris, par M° Andral, dans l'intérêt de M. Chassin ;

Déclare adhérer d'une manière absolue aux principes développés dans ladite consultation et aux conclusions qui la terminent.

AURÉLIEN DE SÈZE.

AVOCAT A LA COUR IMPÉRIALE DE PARIS,

ANCIEN REPRÉSENTANT.

Eyran, 19 septembre 1861.

Le soussigné,

Vu le mémoire à consulter pour M. Chassin, intimé, contre M. le procureur impérial de Mulhouse ; le jugement du tribunal de Mulhouse du 3 août 1861 ; ensemble la consultation délibérée le 31 suivant par M⁰ Paul Andral, avocat à la Cour impériale de Paris ;

Déclare adopter sans réserves les résolutions consignées dans cette consultation et la conclusion qui les résume.

Les lois successives qui depuis 1723 jusqu'à nos jours ont établi les règles de la distribution et du colportage des écrits, y sont relatées avec tout le soin désirable ; l'esprit qui les a dictées ne permet pas d'admettre que, dans cette longue période, la pensée de leurs auteurs ait jamais été de poursuivre et d'atteindre la simple *possession* d'un écrit.

Quelle que puisse être la portée que les auteurs de la loi du 27 juillet 1849 aient voulu donner à cette loi, pour réprimer les dangers du colportage effectif, le soussigné est pleinement convaincu qu'il n'est jamais entré dans leur pensée que l'article 6 pût être jamais appliqué, lorsqu'il n'y aurait pas *un fait matériel de colportage ou de distribution.*

Rechercher dans *l'intention* présumée du détenteur d'un écrit qu'il voulût le distribuer, c'est substituer au fait *matériel*, qui manque, un délit par voie de suspicion ; c'est vouloir faire réprimer par la loi ce qui doit être scellé dans la conscience, et ne peut tomber sous le coup d'aucune loi pénale.

JOLY,

ancien représentant.

Délibéré à Paris, le 18 septembre 1861.

' L'avocat soussigné donne son entière adhésion aux conclusions de la consultation qui précède.

Les principes sur lesquels repose le jugement du tribunal de Mulhouse ont, en droit, une telle force d'évidence, qu'il n'est pas d'axiomes plus certains et plus incontestables.

En effet, l'*intention* de commettre un délit ne saurait, en aucun cas, équivaloir au délit lui-même, et, tant que des actes d'exécution ne sont pas venus révéler cette intention, quelques motifs qu'on ait de. la supposer ou de la présumer, c'est là un domaine réservé, le for intérieur, où s'arrête l'autorité de la loi pénale, impuissante et désarmée devant l'inviolable souveraineté de la conscience.

Et, s'il s'agit d'un de ces faits qui, abstraction faite de toute, intention, constituent par eux-mêmes des délits ou des contraventions, n'est-il donc pas plus manifeste encore que ce fait ne pourrait devenir punissable qu'en tant qu'il se serait produit MATÉRIEL-LEMENT, *avec les caractères déterminés à l'avance par la loi?*

Or, qu'est-ce que le colportage, d'après la loi du 29 juillet 1849? —Un fait purement matériel, constitutif du délit, lorsqu'il a lieu sans autorisation. Mais résulte-t-il de la simple possession? — Personne n'oserait soutenir une pareille énormité!... — Du transport d'un lieu dans un autre? — Pas d'avantage, si l'agent du transport ne va pas au delà. Toutefois il se peut que ce soit un premier pas fait dans la voie de colportage, et il serait certainement permis de voir dans le transport d'un lieu dans un autre un acte préparatoire du délit. Que celui qui a transporté fasse un pas encore, qu'il mette en vente ou offre de vendre ou de distribuer, et voilà le délit consommé! Mais, cette dernière condition faisant défaut, s'il n'y a eu ni mise en vente ni offre de vendre ou de distribuer, non, cent fois non, le fait d'avoir transporté d'un lieu dans un autre n'est pas un fait de colportage. Eût-on toutes les raisons du monde de croire et d'affirmer que celui qui a transporté, et sur qui on a saisi les livres ou brochures transportés, avait l'intention de les mettre en vente ou de les distribuer, — comme jamais l'intention séparée du fait n'est punissable, l'intention conçue pouvant être abandonnée et ne pas aboutir au fait, et comme, d'ailleurs, en cette matière toute spéciale, le fait matériel seul, dans les conditions qui lui sont propres, est atteint par la loi, — il est légalement certain, de toute certitude, que l'action intentée à M. Chassin ne constitue ni un délit ni une contravention, et que, en la rejetant comme mal fondée et exorbitante, le tribunal de Mulhouse n'a fait que rendre un juste hommage à la pensée du législateur de 1849, en même temps qu'il s'est conformé aux règles les plus élémentaires et les plus invariables de l'interprétation de nos lois pénales.

HENRY DIDIER,
AVOCAT A LA COUR DE PARIS,
ANCIEN REPRESENTANT.

Saint-Aubin-sur-Mer, 16 septembre 1861.

J'adhère à la consultation délibérée à Paris, le 31 août dernier, par M⁰ Andral.

DUPONT (DE BUSSAC),
AVOCAT A LA COUR DE PARIS,
ANCIEN REPRÉSENTANT.

Paris, 24 septembre 1861,

J'adhère pleinement à la consultation de mon confrère M⁰ Paul Andral.

JULES GRÉVY,
AVOCAT A LA COUR DE PARIS,
ANCIEN REPRÉSENTANT.

L'avocat soussigné déclare adhérer entièrement à la consultation ci-dessus de M⁰ Paul Andral en faveur de M. Chassin.

G. DE LA BOULIE,
AVOCAT A LA COUR DE PARIS,
ANCIEN REPRÉSENTANT.

Saint-Antonin, 21 septembre 1861.

J'adhère à la consultation délibérée par Me Paul Andral, dans l'intérêt de M. Chassin.

Le tribunal de Mulhouse me paraît, en effet, avoir sainement interprété l'art. 6 de la loi des 27-29 juillet 1849, et justement caractérisé les circonstances de fait soumises à son appréciation.

A. FRESLON,

AVOCAT A LA COUR DE PARIS,
ANCIEN REPRÉSENTANT.

16 septembre 1861.

L'article 6 de la loi du 27 juillet 1849 a eu pour objet de préserver les campagnes de la contagion des mauvais livres, en soumettant à l'autorité administrative ceux qui font *métier* de colporter et de distribuer des écrits ou des gravures. La discussion de la loi, à l'Assemblée, ne laisse aucun doute sur son esprit ni sur sa véritable portée. C'est donc abusivement, selon nous, que cette loi a été appliquée quelquefois aux *distributeurs accidentels*.

L'article 6, entendu dans son sens naturel et juridique, ne concerne que le *colportage* et la *distribution*, c'est-à-dire la remise des écrits et des gravures, faite uniquement à ce titre et non à un autre.

Étendre la loi à toute remise d'écrits, faite, par exemple, par un ami à son ami, par un auteur, par toute personne dans le cercle des individus qu'elle connaît, ce n'est pas seulement méconnaître le sens et le but de la loi du 27 juillet 1849 ; c'est introduire dans notre législation une disposition qui répugne à tous les principes de droit constitutionnel, disposition tyrannique dont l'effet serait de placer les relations sociales sous la haute surveillance de l'autorité administrative.

On objecte que l'article 6 ne distingue pas. Mais c'est précisément parce qu'il ne s'applique qu'aux distributeurs et colporteurs de profession, parce qu'il emploie un terme défini par l'usage et par les lois précédentes, qu'il ne fait pas de distinction. Le législateur eût été inexcusable de ne pas faire d'exception si, au lieu de *tout distributeur*, il avait dit TOUTE DISTRIBUTION. Ce qui caractérise naturellement les colporteurs et distributeurs dont parle l'article 6, c'est, à notre avis, qu'ils ne remettent le livre, l'écrit ou la gravure qu'à titre de distributeurs ou de colporteurs; c'est l'*office de distribution* que la loi veut régir, ce n'est pas le fait universel et quotidien d'échange entre les hommes.

Cependant la doctrine contraire passe toute distribution sous son niveau inexorable.

Il s'agit d'une contravention, comme le remarque très à propos le jugement du 3 août. Saisissez donc l'auteur qui porte lui-même son livre à ses amis, à ses patrons, à ceux mêmes dont il connaît seulement le nom! Saisissez le commerçant qui distribue à ses clients ses prospectus, le stagiaire qui va déposer sa thèse! Saisissez jusqu'au visiteur qui dépose sa carte, car il a été jugé que le terme *écrit* comprenait un bulletin portant un simple nom!

Si l'application de la loi n'est pas généralisée ainsi, il ne faut plus la considérer que comme un instrument politique. C'est le seul moyen d'expliquer comment le ministère public, argumentant de l'*intention* de commettre le délit, a voulu tirer sa preuve de l'opinion politique présumée du prévenu. La loi aurait ainsi sa clientèle particulière, qui varierait suivant les temps, suivant la politique régnante; elle ne serait incommode que pour ceux dont l'opinion déplairait au ministère public.

Cela seul juge souverainement l'interprétation que nous repoussons.

Il est impossible de ne pas revendiquer ces principes, quand on rencontre l'article 6 de la loi du 27 juillet 1849. Mais, en dehors même de ces principes, dans la cause, il existe pour justifier la sentence des premiers juges deux raisons péremptoires : la première, c'est que le fait, même accidentel, de colportage, n'*existe pas;* la seconde, c'est que la simple détention de brochures, ou même l'introduction en France n'*est prévue par aucun texte de loi.*

Sur ce point le jugement a tout dit, et je ne vois pas qu'il y ait même place à controverse.

En conséquence, j'adhère pleinement aux solutions contenues dans la note à consulter ci-jointe.

ERNEST PICARD,

AVOCAT A LA COUR IMPÉRIALE DE PARIS, DOCTEUR EN DROIT,

DÉPUTÉ AU CORPS LÉGISLATIF.

Ce 17 septembre 1861.

J'adhère avec empressement et sans réserve à la consultation de mon confrère Me Andral.

ÉMILE OLLIVIER,

AVOCAT A LA COUR DE PARIS,

DÉPUTÉ AU CORPS LÉGISLATIF.

18 septembre 1861.

La consultation de mon confrère Andral me semble reposer sur les véritables principes. Je partage entièrement son avis sur la tendance de quelques arrêts de cassation à trop généraliser la signification du mot *colporteur;* et j'espère, comme lui, que la Cour suprême reviendra à une interprétation plus conforme, suivant moi, à l'histoire, au texte et à l'esprit de la loi.

Mais, en laissant de côté cette question, dont M. Chassin peut, sans péril pour sa cause, négliger la solution, il me semble impossible que la Cour, saisie de l'appel du ministère public, décide jamais que la simple possession d'un écrit constitue un fait de colportage ou de distribution.

Une pareille décision ne serait pas seulement contraire à la loi, qui ne s'est jamais arrogé le droit de fouiller la conscience pour incriminer l'intention; à la loi, qui ne punit pas la tentative quand l'auteur de l'acte coupable s'est volontairement arrêté avant de l'avoir consommé ; une pareille décision serait surtout contraire à toutes les traditions morales et intellectuelles de la France. Colmar n'est qu'à quelques lieues de la frontière. Que penserait-on de nous, de l'autre côté du Rhin, si on voyait une cour de justice condamner un homme, pour un délit qu'il n'aurait pas commis en réalité, sous le prétexte que d'après ses *intentions* présumées, il aurait pu le commettre plus tàrd?

J'estime que la sentence des premiers juges doit être confirmée sans difficulté.

E. DESMAREST,

avocat à la cour de paris.

Le soussigné adhère pleinement à la consultation de Mᵉ Paul Andral.

Aucun texte de loi ne punit la simple possession ni l'introduction, en France, d'un livre ou d'un écrit non périodique, quel qu'en soit le caractère.

La possession ne peut être considérée comme une tentative de distribution, car elle ne constitue pas un commencement d'exécution. D'ailleurs, soit que la distribution d'écrits, prévue par l'art. 6 de la loi du 27 juillet 1849, soit regardée comme un délit, soit qu'elle passe pour une contravention, la tentative en cette matière n'est pas punie par la loi.

Il suffirait de s'en référer au sens le plus usuel des mots, pour établir que la *possession* et la *distribution* elle-même ne doivent pas être confondues. On s'efforce cependant de les identifier, comme on s'efforçait naguère d'assimiler à la publication d'un écrit le fait de l'avoir fait imprimer ou copier, et l'on espère atteindre l'*intention présumée*, alors que le législateur n'a eu en vue que le *fait matériel*. Des théories de cette nature ne prévaudront pas dans la jurisprudence ; aucun tribunal, en France, ne voudra consacrer un système d'interprétation aussi contraire aux traditions de notre magistrature qu'aux principes de notre droit.

ALBERT GIGOT,

AVOCAT AU CONSEIL D'ÉTAT ET A LA COUR·DE CASSATION.

J'adhère complétement à la consultation ci-jointe de mon confrère Andral.

Dans le nombre si considérable de nos lois pénales, il n'en existe aucune qui permette de condamner M. Chassin pour le seul fait de s'être trouvé en possession, au moment où il entrait en France, de brochures prohibées (à ce qu'il paraît) par la police française.

En matière d'introduction en France d'écrits publiés à l'étranger, la loi spéciale (c'est-à-dire le décret du 17 février 1852) ne punit que l'introduction de journaux ou d'écrits périodiques. M. Chassin n'a introduit ni journaux, ni écrits périodiques ; le tribunal de Mulhouse devait donc le renvoyer de la poursuite.

Il est vrai que, pour échapper à cette conséquence rigoureuse, le parquet essaye de donner une autre qualification au fait imputé à M. Chassin ; il y cherche les éléments d'une prévention de colportage.

Qu'entend-on par colportage ? La communication d'un écrit au public, au moyen d'une distribution (gratuite ou non) faite à tous venants, sans acception de personnes. Pour tomber sous l'application de la loi, il n'est pas nécessaire d'exercer habituellement le métier de colporteur, il suffit d'un seul acte de colportage ; mais il faut que l'acte ait eu *le public* pour objet. C'est là un point sur lequel la jurisprudence s'est malheureusement quelquefois écartée, non-seulement de l'esprit de la loi, mais des principes généraux du droit.

Cependant la preuve du délit se réduit à une fraction de publicité, et les éléments constitutifs de la publicité doivent être déterminés ici, comme en toute autre matière. La publicité existe dès que le fait, à l'occasion duquel on prétend la constater, a pu être connu du premier venu, a eu le premier venu pour témoin. Un seul homme, un simple passant, représente en pareil cas la société tout entière, le public; comme, par exemple, dans les cas d'outrage à la morale publique, de diffamation, de divulgation d'une invention. A la place de ce passant, supposez dix personnes déterminées, se connaissant, réunies dans un but spécial, etc. La société ne sera plus représentée par elles; plus de publicité, il ne reste qu'un fait privé. De même, la remise d'un ouvrage à quelques personnes choisies parmi vos relations ne constitue pas le colportage, ne vous assujettit pas à certaines formalités préalables : ce n'est encore qu'un fait privé. Au contraire, vous le remettez au premier venu, à Pierre ou à Paul, également inconnus de vous : Pierre ou Paul représentent le public; vous avez communiqué au public, vous êtes colporteur.

Tels sont les principes incontestables de la matière : la consultation de M° Andral les développe avec une grande force, elle fait justice des fausses théories qui ont été produites sur ce point.

, Or il est bien évident que l'on n'articule même. pas que M. Chassin ait jamais été colporteur dans le sens strict et légal qui vient d'être indiqué.

Mais il faut ajouter bien vite que, même en admettant, avec certains arrêts, que le colportage puisse consister *dans la simple communication privée* d'un ouvrage à quelques amis, M. Chassin ne peut davantage être l'objet d'aucune condamnation.

En effet, la prévention ne lui impute pas d'avoir remis un seul exemplaire à qui que ce soit.

Autrement dit, elle ne lui impute d'avoir commis aucun délit.

« Mais, dit-on, il avait nécessairement l'intention d'en commettre un; cela suffit. Il ne possédait ces exemplaires que pour les

distribuer, et la possession, innocente en soi, devient punissable
à cause de cette intention. »

A quoi le jugement répond d'abord d'une façon péremptoire,
qu'il s'agit d'une simple contravention, car la loi punit le fait de
distribution, abstraction faite de la nature de l'ouvrage distribué;
et qu'en matière de contravention les tribunaux n'ont pas à apprécier l'intention des parties.

C'est à peine s'il est nécessaire de faire remarquer ensuite que,
même en matière de délit, on ne peut. au point de vue de la
poursuite, chercher des éléments de condamnation dans les intentions d'un prévenu que lorsqu'il est constaté à sa charge qu'il a
commis un fait punissable en soi, qu'il existe un corps de délit
matériel, que la nature même de ces intentions peut aggraver,
comme elle peut les atténuer.

Mais, d'ailleurs, quelle a été l'intention de M. Chassin? Quelle
justification fait à cet égard le parquet? Aucune. Il se contente de
dire : « La détention de ces exemplaires suppose nécessairement
l'intention de les distribuer, donc de commettre un délit. »

Rien n'est plus inexact. M. Chassin, comme il l'allègue lui-
même, peut avoir reçu ce paquet fermé, à destination d'un tiers,
sans en connaître le contenu : pas de délit! — Il pouvait avoir
l'intention de mettre ces brochures à la poste : pas de délit!—Il pouvait avoir-l'intention de les conserver pour lui-même, par caprice
d'amateur de curiosités littéraires : aucun délit encore dans ce cas !

Mais ici se produit le dernier argument de la poursuite :

« Les intentions de M. Chassin seraient établies par ses opinions
bien connues. »

Il faut convenir qu'un pareil argument, s'il pouvait être sérieu-
sement soutenu, révélerait une bien fâcheuse tendance à méconnaître les principes les plus élémentaires de nos lois pénales. Avec
des définitions si élastiques des délits, que deviendrait la liberté
individuelle? Il n'y aurait acte si innocent dont on ne pût aisé-
ment, avec un peu d'adresse, faire matière d'accusation; car il ne

serait plus nécessaire, pour obtenir la condamnation d'un citoyen,
d'établir qu'il aurait enfreint une loi pénale, de déterminer le délit
qu'il aurait commis, d'en rechercher les preuves; il suffirait de
s'informer de *« ses opinions bien connues. »* Mauvaises opinions,
mauvaises intentions; s'il n'a pas commis de délit, il en voulait
commettre. Il ne resterait plus qu'à appliquer une peine, propor-
tionnée sans doute aux renseignements que l'on aurait puisés sur
les opinions du prévenu, dans ce que l'on a appelé, à la suite d'un
grave débat au Corps législatif, « les sources officielles ».

On comprend que le tribunal de Mulhouse ait refusé avec fermeté de sanctionner un système qui pouvait conduire à des conséquences si exorbitantes.

E. DELPRAT,

AVOCAT A LA COUR IMPÉRIALE DE PARIS.

L'avocat soussigné,

Vu la consultation délibérée par son confrère M⁰ Andral, le
31 août 1861;

Vu le jugement rendu par le tribunal de Mulhouse, le 3 du même
mois, au profit de M. Chassin;

Adhère sans hésitation aux conclusions de ladite consultation,
en tant surtout qu'elles ont pour objet d'établir que la simple possession de brochures ou d'écrits, autres que d'écrits périodiques,
ne tombe pas sous le coup de l'art. 6 de la loi du 27 juillet 1849,
et sans qu'il soit légalement possible de rechercher l'intention
ultérieure ou même actuelle du possesseur de ces brochures.

La loi pénale, en effet, n'atteint que des actes extérieurs; et, si
elle punit quelquefois la simple détention d'objets pouvant servir
à commettre des actes répréhensibles ou dangereux (par exemple
en matière de chasse, etc.), les dispositions de cette nature ne
peuvent être étendues au delà de leur terme. La lumière sur ce

point est amplement faite par les développements dans lesquels
est entré Mᵉ Andral, et auxquels le soussigné n'a rien à ajouter.

E. REVERCHON,

AVOCAT A LA COUR IMPÉRIALE DE PARIS,
ANCIEN AVOCAT AU CONSEIL D'ÉTAT
ET A LA COUR DE CASSATION.

Délibéré le 21 septembre 1861.

———

L'avocat soussigné, qui a lu le jugement du tribunal de police
correctionnelle de Mulhouse et le mémoire de son confrère Andral,
estime que le jugement est bien rendu et qu'il doit être confirmé.

Il est évident, comme l'établit la note, que la possession d'un
écrit ne peut être incriminée. En matière de presse, d'imprimerie,
de colportage et autres faits de même nature, la publication est
nécessairement un des éléments du délit. Je peux penser, écrire,
lire, contempler ce qui me plaît, sans tomber sous l'application
d'une loi pénale. C'est de la sorte que se forment les bibliothèques
et les collections, où l'on trouve, à côté des chefs-d'œuvre de l'esprit
humain, les élucubrations enfantées par les cerveaux malades, collections qui présentent ainsi le tableau de la grandeur de l'homme
et de sa faiblesse. Un livre ne peut donc être saisi, tant qu'il ne
devient pas un scandale public. C'est là un de ces points sur lesquels il n'y a pas de divergence possible aujourd'hui, et sur quoi
nous ne devons pas chercher d'antécédents dans l'antiquité ou le
moyen âge, car c'est une de nos conquêtes de 1789. Claude a été
accusé de folie par les historiens pour n'avoir pas condamné le
détenteur des bustes de Brutus et de Cassius ; sous l'ancienne
monarchie, des hommes ont été exécutés pour avoir rêvé des
attentats contre le souverain. De telles monstruosités sont en
dehors de nos mœurs, il faut respecter la liberté des citoyens et
ne pas rechercher leurs pensées. Tel est le droit moderne que per-

sonne ne peut et ne veut attaquer. Les textes qui prouvent notre assertion ont été reproduits par notre confrère, nous ne les répéterons pas.

Mais quand il s'agit d'hommes faisant le métier de vendre ou colporter des écrits, des imprimés ou des gravures, la loi leur a prescrit des règles particulières. Leur métier ne s'exerce que sous la surveillance de l'autorité.

Quant aux autres distributeurs, la loi ne les atteint que s'ils apparaissent *sur la voie publique*, jamais autrement. Au surplus, cela ne se discutait pas avant la loi du 27 juillet 1849, dont l'article 6 porte ce qui suit :

« Tous distributeurs ou colporteurs de livres, écrits, brochures, gravures et lithographies, devront être pourvus d'une autorisation. »

On a dit que le texte de la loi s'appliquait à tous les distributeurs, et par là à tous ceux qui remettaient un livre, une brochure, un écrit, une gravure à une autre personne. Cette interprétation est fautive. Le distributeur n'est pas le porteur de la chose ; ce n'est pas, par exemple, le facteur de la poste ; c'est l'individu qui se place au coin des rues, à l'angle d'un carrefour, au bout d'un pont ou d'un passage, et délivre sa publication aux passants. S'il vend, il est colporteur ; s'il donne, il est distributeur. Au premier cas il répond de son fait à cause de son métier ; dans le second, il doit, pour se placer sur la voie publique, avoir l'autorisation de ceux qui sont chargés de veiller à la viabilité et à la sécurité dans les lieux publics. S'écarter de ces principes, serait s'exposer à de malheureuses confusions et autoriser les visites domiciliaires, les perquisitions sur les personnes, et rentrer dans la barbarie.

Le ministère public, chargé de soutenir la plainte contre M. Chassin, a vu, dans le fait d'avoir dans ses mains plusieurs écrits du même genre, le fait prévu par la loi de 1849. Il a qualifié ce fait de distribution. Pour en arriver là, il faut changer le sens des mots ; le fait serait tout au plus une tentative ; et, nous le dirons plus bas, cette tentative ne peut tomber sous l'application d'une peine.

Mais, dit le ministère public, cette détention est une contravention pour laquelle il n'y a plus à rechercher l'intention de son auteur.

Pour rechercher si la distribution est un délit ou une contravention, il faut d'abord savoir s'il y a eu distribution. Ensuite on répondra que, le Code pénal ayant divisé les faits incriminés en crimes, délits ou contraventions, la distribution se trouve classée dans les délits par la nature de la peine encourue. Sans doute on a enseigné que les contraventions étaient régies par des règles particulières, mais il faut bien s'entendre, sous peine de changer tous les principes. Les règles dont nous parlons sont propres aux contraventions déclarées telles par le Code pénal ; car toute infraction à la loi, crime, délit ou contravention proprement dite, est appelée contravention ou délit. Les deux termes s'emploient indifféremment dans la langue vulgaire ; le jurisconsulte distingue. C'est après avoir mesuré la peine que la classe est fixée, et avec elle la compétence et les autres conséquences du fait.

Ainsi, on doit décider que tous les actes qui tombent sous l'application des peines correctionnelles sont des délits, sous peine de troubler l'ordre public et de créer des catégories arbitraires. Ce danger, qui se révèle dans certains arrêts, est évident, et les magistrats doivent l'éviter, s'ils veulent rester fidèles à cette leçon qu'il faut ne pas appliquer les pénalités hors des cas prévus, et ne pas les étendre. On doit acquitter les délinquants qui ont agi sans intention de nuire, l'intention n'efface pas les contraventions ; donc, appliquer la doctrine propre aux contraventions à des faits qualifiés délits par la peine encourue, c'est étendre la peine hors de son cadre ; ce que jamais un juge ne doit se permettre.

Mais ce qui rend l'appel du ministère public tout à fait inexplicable, c'est que M. Chassin n'a rien distribué. Il a introduit des brochures en France, ce fait n'est pas incriminable. Il n'y a de condamnable que l'introduction d'écrits périodiques prohibés en France. Reste donc que l'introduction des brochures ne peut être poursuivie.

Faut-il dire que M. Chassin, voulant répandre les brochures dont il était porteur, aurait commencé son œuvre et fait une tentative pour arriver à commettre un délit ou une contravention?

Soit, et pour le besoin du ministère public, on pourrait concéder l'existence de cette tentative comme avérée.

La tentative des crimes est toujours punie, celle des délits ou des contraventions ne peut l'être, hors des cas prévus. Jamais le législateur n'a prévu la tentative de colportage ou de distribution : disons donc qu'à ce point de vue, le seul où l'accusation puisse se placer, son appel n'est pas soutenable.

Par ces motifs, le soussigné estime que le jugement de Mulhouse sera confirmé. Cette décision est sage et bien rendue; en la suivant on ne court pas risque de se heurter à nos lois, à la liberté des citoyens. Si elle était brisée, nous en serions tous à nous demander quand et comment nos domiciles ne seraient pas envahis sous prétexte de détention de livres ou de brochures. La malle d'un citoyen est son coffre-fort de voyage; autoriser la visite de ce dépôt, c'est approcher de bien près du secrétaire qui contient ses manuscrits; et de là à incriminer la pensée, l'entraînement est rapide. Signaler le danger, c'est le prévenir.

F. MALAPERT,

AVOCAT A LA COUR DE PARIS.

J'adhère à la consultation de mon confrère Paul Andral.

Dans cette affaire, tout doit être ramené à des termes précis, le fait poursuivi, la loi invoquée : l'*à-peu-près*, en matière pénale, c'est l'arbitraire, c'est la confusion et l'injustice.

La loi invoquée est celle du 27 juillet 1849, dans son article 6, qui punit le colportage et la distribution des écrits. Or, le fait atteint par cette loi constitue, non un délit, mais une contravention. La loi ne s'est occupée que d'un fait matériel, sans remonter à l'intention, sans se placer au point de vue moral et intentionnel. Nul n'a le droit d'aller plus loin qu'elle, nul n'a le droit, dans l'espèce, de demander à M. Chassin ce qu'il entendait faire des brochures saisies, et de rechercher dans son intention les éléments de la culpabilité, sans dépasser les limites légales. Ce qu'il a fait, voilà seulement ce qui peut être recherché contre lui.

M. Chassin avait des brochures dans sa malle de voyage ; tel est le fait tout entier.

Avoir des brochures dans sa malle de voyage, est-ce colporter ou distribuer? Non, si la langue française a conservé, en matière générale, son acception propre; non, à moins de prétendre que le voyageur colporte et distribue les effets qu'il a placés dans sa malle. Y a-t-il lieu, en effet, de distinguer ici entre les brochures et les effets que la malle renferme? Non, car pour distinguer, il faut remonter à l'intention du possesseur de la malle, et se livrer à des conjectures, ce qui, en matière pénale, est toujours fort délicat.

Si donc on prend le fait matériel en lui-même, que reste-t-il? Encore une fois, *que M. Chassin avait des brochures dans sa malle.* Mais, avoir des brochures dans sa malle, chez soi ou sur soi, c'est toujours la même chose; c'est *posséder*, rien de plus; ce n'est pas *colporter* ou *distribuer.*

Ah ! si la loi avait employé le mot *transporter*, comme celle du 3 mai 1844 sur la police de·la chasse, et la vente du gibier en temps prohibé ! Mais elle ne l'a pas employé. Est-ce un tort? Cela ne regarde que le pouvoir législatif.

Une autre loi, celle du 17 février 1852, s'est servie du mot *introduire* pour les journaux. L'introduction des journaux dont la circulation n'a point été autorisée, est donc interdite : celle des brochures ou écrits ne l'est pas.

C'est avec beaucoup de raison que l'affaire a été ramenée à ces termes par le tribunal de Mulhouse ; sa décision est en parfaite conformité et avec les exigences du droit pénal, qui veut des faits spécialement prévus, des lois formelles, et avec la jurisprudence même de la Cour de cassation, qui n'a vu ni le colportage ni la distribution dans des faits (relevés par la Consultation, p. 23), beaucoup moins simples que celui qui est reproché à M. Chassin, et qui, il faut le reconnaître, s'il devait être caractérisé ainsi que le demande l'accusation, tendrait à faire de tous les voyageurs autant de colporteurs ou de distributeurs d'écrits, selon le bon plaisir de l'autorité supérieure, puisqu'il y aurait lieu de prendre en considération les opinions du voyageur, la nature des écrits, le lieu de leur provenance, la route parcourue, celle à parcourir, l'époque du voyage, en un mot, les faits et les coïncidences les plus multiples, les plus variés et les plus variables.

La Cour de Colmar n'ajoutera pas ce désagrément de voyage à tant d'autres, et, en confirmant la décision parfaitement juridique du tribunal de Mulhouse, elle laissera à l'autorité supérieure le soin de solliciter de nouvelles rigueurs en cette matière, si elle estime qu'elle en comporte d'autres et que la mesure n'en est pas comble.

JULES LE BERQUIER,

Le 22 septembre 1861.   AVOCAT A LA COUR IMPÉRIALE DE PARIS.

J'adhère à la consultation très catégorique de mon confrère Me Andral.

CH. FLOQUET,

AVOCAT A LA COUR IMPÉRIALE DE PARIS.

AFFAIRE CHASSIN. — Adhésion au Mémoire de Mᵉ Andral.

J'ai pris connaissance, à la campagne, loin de toute bibliothèque juridique, de la consultation délibérée à Paris, le 31 août, dernier, par Mᵉ Paul Andral, pour M. Chassin. Voici la conviction profonde que cette lecture a laissée dans mon esprit. J'en consigne ici l'expression en quelques lignes.

J'estime, comme Mᵉ Paul Andral, avec la foi la plus énergique, que le fait reproché à M. Chassin, tel qu'il est constitué en la consultation et au jugement de Mulhouse du 3 août précédent, ne tombe point sous l'application de l'article 6 de la loi des 27-29 juillet 1849.

Je ne recherche pas si tous les motifs invoqués par Mᵉ Paul Andral sont également fondés : il me suffit que parmi ces motifs divers il en soit un qui me semble péremptoire, irrésistible, évident même, pour que, interrogé, je regarde comme un devoir de laisser éclater le cri de ma conscience :

« M. Chassin ne peut être condamné, *le jugement de Mulhouse doit être confirmé purement et simplement.* »

Or, quelque opinion qu'on doive se faire sur les personnes auxquelles peut s'appliquer la répression qui nous occupe ; qu'il faille ou ne faille point, pour l'encourir, être colporteur de profession, il est pour moi hors de tout conteste sérieux qu'en l'état de la loi, le fait seul de *la possession* d'une brochure, sans aucun commencement de distribution, ne peut constituer la contravention prévue et punie par la loi.

Mᵉ Paul Andral a, pour moi, établi cette vérité par les raisonnements et les précédents les plus irrésistibles. Je n'entrerai pas dans la justification superflue de chacun d'eux. Je me borne à dire ou plutôt à rappeler :

1° Qu'une pénalité édictée contre le colportage ou la distribution, ne peut jamais être étendue par le juge au simple fait de la détention sans colportage ou distribution ; qu'il ne peut y avoir colportage que quand on transporte, étant colporteur, avec intention de vendre ou distribuer, et qu'il ne peut y avoir distribution que quand on remet un écrit à divers; — que confondre ces deux faits, dont la distinction ne peut être méconnue dans l'ordre des appréciations idéales, d'une part colporter ou distribuer, d'autre part posséder sans colportage ni distribution, ce serait, de la part du juge, ajouter à la loi, faire ce qu'elle n'a pas fait, voir le délit là où à tort ou à raison elle ne l'a pas vu ; et qu'une telle entreprise, de la part du juge, c'est, à l'évidence, le plus dangereux, le plus funeste de tous les abus;

2° Que la simple possession ne peut être considérée comme délictive, en la matière qui nous occupe, que par *la supposition de l'intention de distribuer*, et que les temps où les délits ont résulté de la simple *supposition d'une intention* ont été, chez tous les peuples, les plus mauvais de leur histoire;

3° Que le fait de M. Chassin peut se rattacher tout au plus à une *tentative* de distribution, et que cette tentative n'ayant été manifestée par aucun *acte externe*, n'ayant reçu d'ailleurs aucun commencement d'exécution, il n'y a pas moyen de l'atteindre, en présence des conditions rigoureusement voulues pour que la tentative soit punissable;

4° Qu'en matière de contraventions, et c'est celle du procès, les tentatives, si caractérisées qu'on les fasse, échappent à l'action du juge qui ne tient pas d'un texte dérogatoire aux principes généraux la mission, de les réprimer;

5° Que toutes ces raisons, puisées aux sources les plus pures du droit, et déjà irrésistibles par elles-mêmes, sont surabondamment corroborées par un argument spécial qui les marque du sceau d'une infaillible certitude, celui déduit par le jugement de Mulhouse de l'article 2 du 17 février 1852.

Quand on rapproche, en effet, ces deux dispositions, l'art. 6 de la loi du 27 juillet 1849, et l'art. 2 du 17 février 1852, on voit comme un régime complet à l'adresse de la presse, en notre ordre d'idées. Ecrits ou brochures, journaux, tout est réglementé. S'agit-il de brochures ou écrits? quel sera le fait délictif? *La distribution.* S'agit-il de journaux? quelle sera la contravention? *Le simple fait de la possession.* Le législateur est plus sévère pour les journaux que pour toutes autres œuvres; il voit, quant à eux, un délit là où il ne le voit pas, quant aux brochures. On le comprend, nous n'avons pas à en exprimer le motif : à qui serait-il besoin de rappeler les dangers exceptionnels de la presse quotidienne, c'est-à-dire des journaux? Or, par quel amalgame ira-t-on aujourd'hui, créant manifestement une troisième disposition, appliquer aux brochures ce qui n'est dit que pour les journaux? Comment, après avoir, en se cantonnant dans la loi du 27 juillet 1849, confondu *la possession* et *la distribution*, va-t-on, passant au décret du 17 février 1852, confondre et *les brochures* et *les journaux?* Est-ce que le tribunal de Mulhouse ne fait pas une de ces observations tout éblouissantes de clarté, quand il nous dit : — « La loi de 1849 réprime si peu *la détention*, que « celle de 1852 a compris le besoin d'y pourvoir, de combler la lacune; « celle-ci punit *de détention*, mais de quoi? Des journaux, et *non point des brochures?* »

Oh! sans doute que, comme dit Mᵉ Andral, les hommes insatiables de force, et poursuivant jusqu'à l'ombre même de la liberté pour mieux frapper ses coupables abus, se plaignent de la lacune; qu'ils taxent d'imprévoyance le législateur qui a réglé l'ordre avec une si profonde sollicitude ; qu'ils pétitionnent pour une loi nouvelle qui atteindrait la *possession* comme la *distribution,* et cette *possession des brochures* à l'égal de *celle des journaux;* à la bonne heure ! On pourra discuter avec eux, on invoquera pour les combattre des considérations plausibles ou impuissantes. Mais, quant à présent, nous ne sommes pas au sénat ; on ne discute pas une loi à faire, les horizons législatifs ne s'ouvrent pas à nous. Modeste avocat, je recherche le sens de la loi qui est faite, de celle qui existe aujourd'hui, qui est aux mains du juge, que seule le juge peut appliquer, et avec Mᵉ Andral, avec le jugement qu'il s'agit de confirmer ou infirmer, avec la cour impériale de Douai, avec la cour suprême, je proteste aussi énergiquement que peut le faire un juriste, contre l'extension manifeste que le ministère public essaye de donner à l'article 6 de la loi du 27 juillet 1849.

Ce n'est pas sans motifs qu'avec une prédilection toute particulière, j'emprunte aux nombreuses citations de Mᵉ Andral le souvenir de l'arrêt de Douai, 23 juin 1854. Je sais, en effet, mieux qu'un autre, avec quelle ferme indépendance les magistrats de cette cour sauvegardent tous les principes conservateurs de l'ordre, et certes, quand on les voit refuser d'appliquer une répression qui peut les servir, par ce motif sacré que cette répression ne se trouve pas édictée, je me crois en droit de dire que leur décision doit jouir d'une autorité exceptionnelle.

Leur autre arrêt (Thieffries, cassé le 8 avril 1853) en est au besoin un témoignage irrécusable.

Nos magistrats, sans départir de leur doctrine, avaient cru voir un fait matériel de distribution dans la mise à la poste de nombreux exemplaires, destinés à être portés à domicile par le personnel de nos facteurs. Ils avaient été trop loin. Leur assimilation était fautive, la poste restant maîtresse de garder ou distribuer. Qu'en est-il résulté? L'arrêt de la cour suprême, non moins jalouse du maintien des limites des répressions pénales, a mis à néant cette erreur judiciaire. (8 avril 1853.)

Certes, lorsque l'on a pour soi les principes fondamentaux du droit, le texte précis de la loi qu'il s'agit d'appliquer, la doctrine des magistrats dont on connaît plus particulièrement la fermeté et les lumières, l'autorité si imposante de la cour régulatrice, on peut dire, sans exagération et dans tout le calme de la raison, que l'on est fermement convaincu.

C'est ce que je fais aujourd'hui en faveur de M. Chassin, dont je ne connais ni le passé ni le présent, et des opinions duquel je ne prends nul souci. Que m'importe ce qu'il pense! Légiste, je vois la loi, je m'attache à la loi; je fais chorus avec tous ceux qui viendront chaque matin rappeler ces saintes et nécessaires maximes : que hors la loi point de salut; que les partis vainqueurs ne peuvent suppléer à son silence; que le juge surtout doit se garder de se montrer ingénieux pour la faire parler quand elle s'est tue; que les sentiments les plus louables ne peuvent l'autoriser à réparer ses omissions par des jugements; et qu'enfin s'il est permis de mêler l'histoire à un simple avis d'avocat, chaque citoyen, véritable ami du pays, et dépositaire même seulement d'un atome de pouvoir, doit redire sans cesse avec César : *Pessimæ res optimis exemplis incipiunt.*

TALON,

AVOCAT PRÈS LA COUR IMPÉRIALE DE DOUAI,
ANCIEN BATONNIER.

Délibéré à Chailvet, près Laon (Aisne), le 27 septembre 1861.

L'avocat soussigné déclare adhérer pleinement aux motifs et aux conclusions de la consultation de M° Andral.

Le décret du 17 février 1852 a érigé en délit le fait seul de l'introduction en France de *journaux ou écrits périodiques* publiés à l'étranger; la loi du 29 juillet 1849 réprimant le colportage ou la distribution de tout écrit quelconque, il suit logiquement du rapprochement de ces textes, que le seul fait de l'introduction d'un écrit peut bien, à raison de la nature de cet écrit, constituer un délit *sui generis*, mais ne saurait en aucun cas servir de base légale à une prévention de colportage.

A ce point de vue, l'arrêt de Douai du 23 juin 1854 est donc d'une importance capitale, puisque la Cour, saisie à la fois de la connaissance d'un délit de colportage, à raison des *brochures* saisies dans les malles de d'Ecquevilley, et d'un délit d'introduction en France, à raison des *journaux* qui s'y trouvaient de même, a écarté le premier fait comme n'étant atteint par aucun texte de loi, et a retenu le second comme prévu et réprimé par l'art. 2 du décret du 17 janvier 1852 : faisant ainsi ressortir la différence essentielle qui existe entre les éléments constitutifs des deux délits.

LOUIS CHAUFFOUR,

AVOCAT AYANT PLAIDÉ DANS LA CAUSE
devant le tribunal de Mulhouse.

Mulhouse, 20 septembre 1861.

Paris. — Imprimerie de L. MARTINET, rue Mignon, 2.